왜 항상 아가리로만 할까?

입으로는 지구 정복도 가능한 당신에게

왜 항상 아가리로만 할까?

이창현 지음

아가리로만
살지 않기로 했다.

'언제까지 아가리로만 해야 할까?'

나는 24살까지 꿈만 가수였고 방구석에서 게임만 하는 겜돌이었다. 29살까지 모태솔로였으며 할머니 집에서 취업 준비를 하며 얹혀사는 소위 '캥거루족'이었다.

그런 할머니에 대한 고마움도 모르고, 늘 5살 때 이혼해 나를 내팽개친 부모님에 대한 원망을 할머니에게 하는 몹쓸

자식이기도 했다. 입으로는 매일 '살 빼야지'라고 하면서, 초콜릿과 야식을 달고 살았고, '이제는 달라질 거야!'라며 헬스장 1년 권을 끊고는, 3일만 다니고 기부 천사가 되는 일을 매년 반복했다. 내 인생에 영원히 별 들 날은 없을 것만 같았다. 나이는 먹어가고 기회는 더더욱 없어졌으니. 그런데 이렇게 시궁창 인생이었던 내가 180도 바뀌었다. 게임 중독자였던 내가 독서에 빠지게 됐고 평생 결혼은커녕 여자도 못 만날 줄 알았던 내가 결혼을 해서 귀여운 아들 2명의 아빠가 됐다. SNS도 할 줄 몰랐던 내가 10만 구독자가 넘는 유튜브 크리에이터가 됐으며, 3만 명이 넘는 인스타그램 팔로워와 같이 소통하고 있다. 그리고 평생 요원할 것만 같은 다이어트도 성공해, 14kg를 감량한 뒤 지금까지 꾸준히 유지하고 있다.

그렇다면 도대체 나는 뭐가 달라졌기에 이렇게 180도 변화한 걸까?

이는 바로 '행동력'이다. 지난날의 나는 항상 '아가리'로만 했다. 말만 하고, 행동은 하나도 하지 않았다. 게으르고 느렸다. 자존감은 낮고 자존심만 셌다. 하지만, 행동하는 법을 깨달은 뒤 내가 그토록 바라던 꿈들을 현실로 이뤘고, 현재도 이루는 중이다. 나는 이 책을 통해, 내가 변화할 수 있었던 비결과, 실제 사례들로 이 책을 집어든 당신도 '아가리'가 아닌,

'행동'으로 삶을 바꿀 수 있다는 걸 보여주고 싶다.
　만약 '아가리'로만 하던 예전의 내가 여기까지 읽었다면 이렇게 생각했을 것이다.

　'그건 너니까 가능하지'
　'넌 재능이 있으니까!'
　'넌 운이 좋으니까!'
　'난 원래 안 돼!'
　'난 타고나서 살 안 빠져'
　'난 물만 먹어도 살쪄'
　'내 상황을 모르니까!'

　익숙한 변명이자 정신 승리다. 이렇게 생각하면 편하다. 하지만 달라지는 건 없다.
　지금까지도 그렇게 살았지 않았는가.

　'그래! 네가 하는 방법대로 했는데 안 되면 각오해!'라는 오기로, 책에 나와 있는 방법들을 하나라도 시도하고 이 중 하나라도 당신 것으로 만들어라.

　오기를 가지고, 깡을 가지고, 인생을 바꾸겠다는 의지로 이 책을 읽고 행동하길 바란다.

이제 '아가리'로만 하는 인생은 뒤로 하고, 지금 '행동'하는 인생을 시작하자.

- 이창현

머릿말 • 004
프롤로그 • 008

Part 1. 왜 항상 아가리가 먼저일까? : 원인

아가리만 털고 행동하지 않는 사람 7가지 특징 • 016
행동을 가로막는 6가지 장벽 • 022
'말'만 하는 사람이 자주 쓰는 말버릇 • 027
자존감을 높이는 3가지 방법 • 033
바꿀 수 없는 것을 바꾸려고 하기 때문에 • 040

Part 2. 스스로를 인정하는 용기 : 시작

망가진 내 인생 다시 돌리는 쉬운 방법 · 050
지식을 쌓는 5가지 방법 · 058
두려움을 사라지게 하는 4가지 방법 · 065
후회를 최소화하는 방법 · 073
시작의 저항을 낮추기 · 078

Part 3. 말만 하던 것들을 현실로 이루기 : 목표 세우기

목표를 구체적으로 만드는 3가지 방법 · 084
로드맵을 그리면 방법이 보인다 · 089
목표를 자주 그리면 이뤄진다 · 096
목표를 이룬 사람들이 자주 하는 10가지 말 · 103
하나의 목표에 집중하기! · 113

Part 4. 이제 아가리 닫고 움직일 차례 : 행동

계속하기 위해서는 함께하라 : Fly with Eagles • 120

옆에 있으면 함께 성장하는 사람 특징 7가지 • 128

포기해야 할 때, 포기하지 말아야 할 때 • 135

공개선언 효과 활용하기 • 144

집중력을 높이는 5가지 방법 • 150

 Part 5. 꾸준히 행동할 수 있는 습관 만들기 : 계속

슬럼프를 극복하는 3가지 방법 • 164

망하는 사람들이 꼭 하는 10가지 • 171

강철 멘탈을 만드는 6가지 방법 • 181

하루라도 빨리 끊어야 할 만만해 보이는 8가지 습관 • 190

매일 아침마다 말하면 행운이 생기는 10가지 말 • 199

Part 6. 아가리가 아닌 결과로 말하기 : 성장

중도 포기하는 사람들의 5가지 특징 · 208

지금부터 쌓으면 복리로 돌아오는 8가지 · 215

번아웃을 극복하는 10가지 방법 · 226

10년 넘게 자기관리 철저한 사람들 9가지 특징 · 234

왜 아가리로만 할까?

왜 사람은 말만 하고 행동하지 않을까? 아래처럼 다양한 이유들이 있다.

- 뇌는 변화하기 싫어하기 때문에
- 되고 싶은 모습이 구체적이지 않기 때문에
- 마감 기한이 없기 때문에

- 지식의 양이 적고 얕기 때문에
- 즉각적 보상이 없기 때문에
- 재미있는 것들이 너무 많기 때문에
- 집에서 하기 때문에
- 대가를 치르지 않으려고 하기 때문에
- 혼자 하기 때문에
- 너무 힘들기 때문에
- 한꺼번에 너무 많은 목표를 세우기 때문에
- 독서를 하지 않기 때문에
- 생각이 많기 때문에
- 실패에 대한 두려움이 크기 때문에
- 완벽하게 준비되면 시작하기 때문에
- 주변의 시선이 두렵기 때문에
- 결과가 너무 멀게 느껴지기 때문에
- 타인과 비교를 통한 좌절감 때문에
- 시간이 없기 때문에
- 감정 기복이 심하기 때문에

이 중 몇 개가 그 이유에 해당하는가? 그 이유를 구체적으로 알아보고 하나씩 해결하자. 앞으로 책에서 나오는 방법을 통해 하나씩 행동하다 보면 당신이 원하는 모습으로 변하게 될 것이다.

Part 1.
왜 항상 아가리가 먼저일까?
: 원인

아가리만 털고 행동하지 않는 사람 7가지 특징

프롤로그에 썼듯, 나도 '말'만 하고 행동하지 않던 사람이었다. 사람들은 왜 말만 하고 행동하지 않는 걸까? 이 특성을 알아야 원인을 파악하고 행동으로 바꿀 수도 있다.

1) 생각이 과하게 많다.

유튜브 강의를 하다 보면 굉장히 다양한 사람들을 볼 수 있다. 강의를 하며, 주제 선정, 시장 조사, 장비 선택, 대본 작성, 섬네일, 업로드 방법 등을 교육생들에게 상세하게 알려주었다. 많은 정보를 주고 싶었으니까. 하지만 정보가 많다 보니, 교육생들의 생각이 오히려 많아지고 복잡해졌다. 결과는? 유튜브를 시작하지도 못하는 사람들이 다수였다. 이후 스마트폰으로 일단 찍고 컷 편집하는 법만 알려주었다. 그러자 신기한 결과가 일어났다. 유튜브를 시작하는 사람들이 훨씬 많아진 것이다.

과한 생각은 행동을 막는다. 행동에 대한 과정과 결과 등을 계속 생각하다 보면 또 다른 생각들이 꼬리에 꼬리를 문다. 생각이 많아지면, 선택할 때 완벽한 결정을 내리고 싶은 욕구도 상승한다. 이를 분석 마비 Analysis paralysis라고 한다. 생각이 너무 많은 나머지, 전혀 행동하지 못하게 되어 결정을 내릴 수 없는 경우를 말한다.

2) 부정적인 마인드를 가졌다.

부정적인 생각은 자신에게 끊임없이 나쁜 암시를 건다. "난 원래 운이 없어.", "나는 뭘 해도 안 돼.", "다른 사람들은 가능하지만, 난 아니야." 이런 생각이 반복되면, 정말로 자신이 못하는 사람처럼 느껴지고, 행동할 의욕을 잃는다.

심리학에서는 이를 자기충족적 예언 Self-fulfilling Prophecy이라고 한다. 실패를 걱정하는 사람은 이미 실패한 것이나 다름없다. 부정적인 자기암시는 스스로를 실패자로 만드는 강력한 함정이다. 반대로 자기충족적 예언을 긍정적으로 해보자. "난 할 수 있어." "난 뭘 해도 잘해!"같은 식으로 말이다. 긍정적인 생각은 긍정적인 행동을 만든다.

3) 실패한 과거의 경험이 많다.

나는 20대 이후 다이어트에 도전했다가 대부분 실패했다. 다이어트에 성공하는 듯했으나 요요현상으로 이전보다 몸무게가 더 늘어나는 경험도 많이 했다. 이렇게 실패가 반복되니 다음 다이어트는 엄두가 나지 않았다. 왜냐하면, 어차피 또 실패할 거라고 생각했기 때문이다.

과거에 반복됐던 실패는 생각보다 깊은 영향을 남긴다. 특히 장기간의 노력과 인내가 필요한 도전에서 실패한 기억은 더욱 강렬하게 남는다. 이 기억은 다음 행동과 도전을 막는다. 심한 경우, 할 수 있는데도 도전하지 않고 스스로 포기하게 된다.

이를 학습된 무기력learned helplessness이라 한다. 대표적인 예로 서커스단의 코끼리 길들이기가 있다. 서커스단에서는 어린 코끼리를 말뚝에 묶어 둔다. 아직 힘이 모자란 코끼리는 아무리 발버둥을 쳐도 도망갈 수 없다. 시간이 흘러 코끼리는 도망가기를 포기한다. 어른 코끼리가 되어 말뚝을 뽑을 힘이 있는데도 도망가지 않는다. 말뚝을 뽑을 수 없다고 이미 스스로 한계를 지어버렸기 때문이다.

4) 결정 내리기를 주저한다.

결정을 내리는 것을 힘들어하는 사람은 행동하지 못한다. 자신의 결정을 믿지 못하고, 이 사람 저 사람에게 계속 물으며 결정을 미룬다. 자격이 안 되는 사람에게 묻는 경우도 많다. 예를 들면, 다이어트를 할 때 다이어트를 해본 적이 없거나, 다이어트에 실패한 사람에게 묻는 경우다.

사람들이 결정을 주저하는 이유는 크게 두 가지다. 먼저, 변화에 대한 필요성을 느끼지 못하기 때문이다. 현실에 대한 불만도 없고, 성장에 대한 욕구도 없다. 두 번째는 변화는 하고 싶지만, 행동으로 옮기기 힘들거나 새로운 환경으로 바꾸고 싶지 않아서다.

만약 변화를 원한다면 가급적 빨리 결정하라. 결정은 나중에 해도 된다고 착각하는 사람들도 있다. 하지만 결정을 미루면 미룰수록 행동으로 이어질 가능성은 줄어든다. 이를 의도성 체감의 법칙 The law of diminishing intent 이라 한다. 생각이나 결정이 길어지면 길어질수록 미루게 되거나 행동하지 않는 법칙을 말한다. 중요한 결정을 미루고 있다는 것은, 결정을 내리지 않겠다고 '결정'한 것이나 다름이 없다.

5) 계속 핑계를 댄다.

행동으로 옮기지 않는 사람들은 핑계가 많다. '시간이 없어서', '돈이 없어서', '지금은 준비가 안 돼서', '나이가 많아서(적어서)' 등을 자주 핑계로 사용한다. 자신에게 핑곗거리가 없으면 '경제 상황이 안 좋아서', '내 주변 환경이 나빠서', '정치가 문제라서' 등 외부 요인으로 핑계를 돌린다. 핑계는 순간의 위안은 줄 수 있지만, 결국 나를 가두는 족쇄일 뿐이다.

인간은 새로운 상황을 마주하면 일단 회피하려는 본능이 있다. 핑계는 그 방어 수단이다. 핑계는 성장과 행동을 막는다. 핑계를 통해 현재 상황 그대로 있기를 원하거나 행동을 미룬다.

하기 싫은 일에는 핑계가 보이고, 하고 싶은 일에는 방법이 보인다. 행동하기 위해서는, 핑계를 멀리하고 방법에 초점을 맞추면 된다.

6) '다음에'라는 말을 자주 한다.

나도 '다음에'라는 말을 자주 했다. 학창 시절 공부를 다음으로 미뤘고, 독서도 다음으로 미뤘고, 운동도 다음으로 계속 미뤘다. '다음에'라는 말을 계속했다. 꾸준히 성적은 떨어졌고, 취업은 안 되고, 건강은 악화됐다. '다음에'라는 말은 퇴보를 부르는 말이었다.

행동하지 않는 사람은 '다음에'라는 말을 자주 한다. 이 말은 참 달콤하고 편한 말이다. 지금 당장 해야 할 일을 미루는 순간, 마음은 편하고 안정을 찾는 듯한 착각에 빠진다. '다음에'라는 짧고 간단한 말은 얼핏, 긍정적인 의지를 담고 있는 것처럼 들린다. 하지만 이 말은 사실, 행동을 미루고 현실을 회피하는 방패막이로 작용한다.

'다음에'라는 말은 단순한 시간적 연기를 뜻하는 표현만은 아니다. 새로운 행동이나 환경에 대한 변화를 거부하는 뜻으로도 사용된다. 뇌는 새로운 행동이나 변화를 두려워하고, 에너지를 더 많이 사용한다. 그래서 뇌는 기존의 행동을 그대로 유지하는 것을 선호한다.

7) 즉각적 보상을 원한다.

즉각적인 보상을 원하는 사람은 행동을 시작하거나 지속적으로 하지 못한다. 현대 사회는 즉각적인 보상을 갈구하는 사람들로 넘쳐난다. SNS에서 받은 '좋아요' 수, 게임에서 빠르게 획득한 아이템, 한 번의 클릭으로 이루어지는 쇼핑 등 모든 것이 빠르고 즉각적이다. 이런 즉각적인 보상은 장기적으로 지속 가능한 행동을 어렵게 만든다.

즉각적인 보상에 길들여진 사람의 뇌는 도파민이라는 쾌락 물질을 얻는다. 이 도파민 분비는 짧은 쾌락과 흥분을 제공한다. 도파민을 원하는 뇌는 점차 더 크고 빠른 자극을 원하게 되어 도파민 중독이 된다. 일반적인 행동은 도파민이 낮거나 느리기 때문에 이에 대한 인내심이 떨어진다.

인생에서 의미 있는 성취와 성공은 즉각적이지 않으며, 꾸준한 노력과 인내 없이는 불가능하다. 긴 호흡으로 삶을 바라보며, 즉각적인 만족의 유혹에서 벗어나야 비로소 진정한 행복과 성장을 이룰 수 있다.

행동을 가로막는 6가지 장벽

누구나 살면서 크고 작은 결심을 한다. 더 건강한 삶을 위해 운동을 시작하려 하거나, 새로운 일을 배우려 하거나, 목표를 이루기 위해 노력해야 할 때가 있다. 하지만 많은 경우, 마음속에서 뭔가가 나를 붙잡고 행동으로 옮기지 못하게 만든다. 그 이유가 도대체 뭔지 알아보자.

1) 완벽주의

완벽주의는 겉으로 보기에는 긍정적인 특성처럼 보일 수 있다. 하지만 대부분의 사람에게는 행동하는 데 가장 큰 방해물 중 하나다. 완벽주의자들은 흔히 "완벽하게 할 수 없다면 아예 시작하지 않는 편이 낫다"라는 생각에 사로잡힌다. 이 때문에 '완벽한 준비와 계획'을 세우느라 행동을 미루게 된다. 그러나 인생에서 완벽한 준비, 완벽한 타이밍은 없다. 결국, 완벽주의에 빠진 사람들은 그 순간을 기다리다 결국 아무것도 하지 않게 된다.

새로운 언어를 배울 때, 모든 문법을 완벽히 이해하고 나서야 말하기 연습을 시작하려는 사람을 생각해보자. 그런 사람은 결코 유창하게 말할 수 없다. 이는 컴퓨터 타자를 완벽하게 배우고, 그때 컴퓨터를 본격적으로 사용하겠다는 것과 같다.

자수성가한 백만장자 500명의 성공 비결을 다룬 롭 무어의 〈결단〉이라는 책에는, 이 완벽주의를 한 문장으로 이기는 방법을 전달한다. "Start now, get perfect later(지금 시작하고 나중에 완벽해져라)" 처음부터 완벽할 순 없다. 일단 시작하고 과정을 통해서 완벽함에 가까워지는 것이다.

2) 남의 시선

인간은 사회적 동물이다. 사람은 다른 사람들과 관계를 맺으며 살아가므로 타인의 평가에 민감해진다. 사회적 관계 속에서 살아남고, 공동체의 일원으로 인정받기 위해 다른 사람들의 시선을 의식하게 되니 '남들이 나를 어떻게 볼까?'라는 두려움이 생긴다. 이렇게 남의 시선을 의식하는 것이 행동을 방해하는 요소가 되기도 한다.

사람들은 실패를 두려워한다. 그러나 실패 그 자체보다 더 두려운 것은 실패했을 때 다른 사람들이 나를 비웃거나 평가할 것이라는 걱정이다. SNS에는 남들에게 보여지기 위한 소비와, 남들에게 자랑하고 싶은 모습만 업로드한다. 자신의 삶이 아닌 남들에게 '보여지기' 위해 사는 사람들도 많다.

3) 안일함

안일함이란 상황을 심각하게 받아들이지 않고, 변화나 노력을 기울이지 않는 태도를 의미한다. 이는 종종 자기합리화, 현실 회피, 또는 무기력함과 연결되며, 개인의 성장과 목표 달성을 방해하는 주요 장애물 중 하나다. 이러한 태도는 "언젠가 하겠지", "나중에 하면 돼"라는 생각으로 이어져 행동을 지연시키거나 아예 시작조차 못하게 만든다.

안일한 사람들은 자신의 행동을 정당화하는 데 능숙하다. "지금은 바빠서 못 해", "나는 원래 그런 사람이야", "어차피 안 돼" 같은 생각으로 행동하지 않는 자신을 위로한다.

4) 자기 의심

내가 처음 책을 써보라는 권유를 받았을 때, 나는 절대 책을 출판할 수 없다고 생각했다. 지금까지 글을 통해 상을 받은 적도 없었거니와, 당시 나이도 27살이었기에 책을 쓰기엔 어리다고 생각했다. 무대에 처음 오를 때도 나는 무대공포증이라 할 수 없다고 생각했다. 이랬던 자기 의심 때문에 행동하기를 꺼려했고 기회를 피해 다녔다.

자신의 능력에 대한 불신이나 "내가 진짜 할 수 있을까?"라는 생각은 행동을 주저하게 만든다.

5) 낮은 자존감

자존감은 '자신을 존중하는 감정'을 줄인 말이다. 자존감이 낮은 사람들은 "나는 이것을 할 수 없어." 또는 "나는 이런 걸 할 사람이 아니야."와 같은 부정적 생각으로 이어져 행동하지 못한다. 낮은 자존감은 종종 자기 파괴적인 행동으로 이어진다. 또한 스스로가 가치 없다고 느끼기도 한다. 이로 인해, 게임, 술, SNS, 도박 등으로 중독되어 자신을 망가뜨리기도 한다.

낮은 자존감을 가진 사람들은, 자신이 원하는 것을 이루지 못한다고 미리 단정 지어버린다. "어차피 나는 성공할 수 없어."라며, 이미 패배를 예상하여 행동하지 않는다. 이들은 실수하면 모든 것이 끝장난다고 생각하며 작은 실패도 용납하지 못한다. 이런 악순환이 반복되어 기회를 놓치고, 계속 머뭇거리며 결국 아무것도 하지 않게 된다.

6) 비교

사람은 끊임없이 자신을 타인과 비교하며 살아간다. 비

교는 자신이 어느 위치에 서 있는지 알려주는 척도가 되기도 한다. 하지만, 때로는 행동을 가로막는 치명적인 심리적 장벽이 된다. 비교로 인해 자신감이 떨어지고 행동이 저하되는 현상이 나타날 수 있기 때문이다.

    SNS 시대가 되면서 사람들은 매일 수많은 타인의 삶을 접하게 되었다. 타인의 화려한 성취, 멋진 외모, 부유한 삶의 모습을 보면서 자신과 비교하기 시작한다. 문제는, 이런 비교가 자신을 발전시키는 긍정적인 동기로 작용하기보다 대부분 열등감과 좌절감으로 이어진다는 것이다. 비교를 통해 스스로 '나는 저 사람처럼 될 수 없어'라고 단정 짓고 포기를 하거나 시작조차 하지 않게 된다.

'말'만 하는 사람이 자주 쓰는 말버릇

 무심코 내뱉는 말들이 사고방식과 행동 패턴을 형성하며 이는 실행력과도 직결된다. 실행력이 강한 사람들은 긍정적이고 능동적인 언어를 사용한다. 반면 실행력이 약한 사람들은 부정적이고 회피적인 언어를 사주 시용한다. 행동하지 않고 말만 하는 사람들이 자주 하는 말버릇이 어떤 것이 있는지 알아보자.

 1) "시간이 없어서"
 '시간이 없어서'는 말만 하는 사람이 자주 쓰는 단어다. 물론 실제로 시간이 부족한 사람도 있다. 하지만, 대부분 핑계일 가능성이 크다. 실상은 시간 부족이 아니라 그것을 핑계 삼아 행동을 회피하는 것이다.

사람들은 자신이 원하는 방향으로 상황을 해석하는 경향이 있다. "시간이 없다"라고 말하면, 비어 있는 시간을 찾기보다는 바쁘다는 증거만 찾게 된다. 이럴 땐 오히려 쓸데없는 행동에 시간을 낭비하고 있진 않은지 자기 객관화해야 한다. 예를 들면, SNS, 게임, 영화 볼 시간은 있는데 진짜 중요한 운동, 독서를 할 시간은 없다고 말하는 것이다. 시간이 없어서 못 하는 것이 아니라, 시간을 핑계 삼아 하지 않는 것이다.

2) "난 원래 그래"

"난 원래 그래"는 자기 합리화하는 말이다. 자신을 변화시키려 하지 않는 사람들은 이 말을 자주 사용한다. 이는 자신의 한계를 스스로 정하고, 변화를 거부하는 태도이다.

심리학자 캐럴 드웩Carol Dweck은 저서 『마인드셋Mindset: The New Psychology of Success』에서 이 같은 태도를 '고정형 마인드셋fixed mindset'이라고 정의했다. 고정형 마인드셋을 가진 사람들은 자신의 재능이나 능력, 성격 같은 것들이 태어날 때부터 정해져 있고, 그 이후에는 변화할 수 없다고 믿는다. 그 결과, 실패나 좌절을 마주하게 되면 이를 발전의 기회로 여기기보다는 자신의 한계를 확인하는 사건으로 받아들인다. 이런 사람들은 더 이상의 노력이나 도전을 중단하게 된다.

고정형 마인드셋과 반대되는 '성장형 마인드셋growth mindset'을 가진 사람들은 정반대의 반응을 보인다. 이들은 능력이나 성격, 심지어 타고난 재능조차 얼마든지 노력과 학습을 통해 발전시키고 변화시킬 수 있다고 믿는다. 이들은 "난 원래 그래"와 같은 말 대신, "아직 부족하지만 노력하면 더 나아질 수 있어"와 같은 말을 자주 한다.

3) "자신이 없는데…"

"자신이 없는데…" 완벽주의 성향을 가진 사람들은 무언가를 시작하기 전에 자주 이렇게 말한다. 더 준비가 필요하다는 뜻이기도 하지만, 사실은 '시작하지 않아도 되는 이유'를 다르게 표현한 것일 뿐이다.

처음부터 자신 있어서 행동하는 사람은 없다. 처음 하는 일이라면 아직 경험이 없으니 당연히 자신감이 생기지 않는다. 과거에 실패했거나 잘 해내지 못한 행동 때문에 자신이 없을 수도 있다.

중요한 것은, 그것을 이유로 삼아 멈춰 있는 것이 아니라, 부족하지만 작은 걸음이라도 내딛는 것이다. '자신이 없는데…'라는 말보다 '일단 해보자!'라는 말로 시작의 문을 여는 것이 중요하다.

4) "조건이 맞으면 시작할 거야"

"더 좋은 장비가 있으면", "돈이 더 모이면", "상황이 나아지면" 등의 말로 시작하는 이 변명은 '완벽한 조건'이라는 함정이다. 완벽한 조건은 결코 오지 않는다. 이 말은 행동을 미루는 또 다른 방식일 뿐이다.

성공한 사람들은 현재 가지고 있는 자원으로 시작한다. 그들은 불완전한 상황에서도 행동하며, 과정에서 배우고 성장한다. 애플의 CEO 스티브 잡스도 차고에서 시작했고, 아마존의 CEO 제프 베이조스도 책 몇 권으로 시작했다. 행동하는 사람들은 완벽한 조건을 기다리지 않았다.

5) "너무 늦었어"

행동하지 않는 사람은 "너무 늦었어"라는 말을 자주 한다. 특정 나이나 시점이 지나면, 새롭게 시작하거나 변화하는 것이 불가능하다고 믿는 것이다. 이들은 과거를 후회하면서도 행동은 하지 않는다. 하지만 새로운 시작에 늦은 때란 없다. 진정으로 원하는 것이 있다면 언제든지 도전할 수 있다.

'늦은 시작'의 성공 사례는 많다. 레이 크록은 52세에 맥도날드를 인수했다. KFC의 할랜드 샌더스는 65세에 KFC를 설립했다. 박막례 할머니는 73세에 유튜브를 시작했다. 행동한 사람들은 '너무 늦었다'라는 생각을 하지 않는다. 인생은 경쟁이 아니며, 다른 사람과의 비교는 의미가 없다. 중요한 것은 행동을 시작하는 것이다.

6) "운이 없어서"

"운이 없어서" 또는 "재수가 없어서"는 말만 하는 사람들이 자주 쓰는 말이다. 이 말은 자신의 실패나 좌절의 원인을 외부 탓으로 돌리는 말이다. 자신의 노력이나 행동이 부족해서가 아니라, 통제할 수 없는 운명이나 상황을 핑계로 삼는다. "운이 좋았으면 나도 잘됐을 텐데"라는 식으로 책임을 회피한다.

심리학에서는 이를 '외부 통제 소재 external locus of control'라고 한다. 이런 사람들은 삶의 결과가 자신의 선택이 아닌 외부 요인에 의해 결정된다고 믿는다. 반면, 행동하는 사람들은 "운도 노력으로 만들 수 있어"라며 스스로 기회를 창조한다.

7) "언젠가는…"

"언젠가는…" 이 말은 희망처럼 들리지만, 실행하지 않는 사람들의 대표적인 말버릇이다. 이 말은 구체적인 계획이나 행동 없이 막연한 미래에 대한 희망만 딛고 있다. 심리학자들은 이를 '긍정적 환상 positive illusion'이라고 부른다. 막연한 희망을 통해 현재의 불편함이나 불안감을 해소하려는 심리적 방어기제다. "언젠가는 반드시 성공할 거야", "언젠가는 꼭 해볼 거야"라고 말하면서 현재의 행동을 미루게 된다.

'언젠가'라는 말에는 날짜가 없다. 구체적인 계획도, 마감도 없다. 결국 지금 하지 않겠다는 말과 다르지 않다. 행동하는 사람들은 '언젠가'가 아닌 '언제'라는 구체적인 시점을 정한다. 그들은 막연한 희망보다 구체적인 계획과 실행에 초점을 맞춘다.

자존감을 높이는
3가지 방법

　　자존감은 자아존중감 Self-esteem의 줄임말로, 자신을 소중하고 가치 있는 존재로 인식하는 마음을 뜻한다. 자존감이 높으면 자신에 대한 신뢰가 생기고 삶의 만족도와 행복도가 증가한다. 반대로 자존감이 낮으면 자신에 대한 불안, 우울감이 커지며 새로운 행동을 피하게 된다.

　　나는 자존감이 무척 낮은 사람이었지만, 자존감이 무엇인지 알고, 조금씩 높여가기 시작했다. 자존감을 회복하며 스스로에 대한 긍정적인 믿음을 가졌다. 덕분에 행동하기 시작했고, 많은 성과를 이룰 수 있게 되었다. 아래는 내가 자존감을 회복할 수 있게 도와준 3가지 방법이다.

1) 나는 내가 좋다.

2013년 1월, 브라이언 트레이시의 세미나에서 "나는 내가 좋다"라는 문장을 만났다. 당시 나는 나 자신을 무척 싫어했고, 내 모습을 거울로 보는 것도 싫어했다. 세미나에서 이 문장을 큰 소리로 외치는 게임은 고통 그 자체였다. 마지막 날, 강사님이 나에게 "매일 아침 거울을 보며 '나는 내가 좋다'를 7번 외치라"고 조언했다.

세미나 가격이 비쌌기 때문에 아까워서 시작했다. 첫날은 정말 괴로웠다. 거울 앞에 서서 내 눈을 똑바로 바라보며 "나는 내가 좋다"라고 말하는 것은 마치 뜨거운 불 위를 맨발로 걷는 것과 같았다. 손발이 오그라들고, 얼굴은 홍당무처럼 붉어졌다. 나도 모르게 고개를 돌리거나 거울 속의 내 눈을 피했다. 7번 외치기를 숙제하듯이 겨우 마무리 지었다.

그렇게 일주일이 지났다. 여전히 불편했지만, 첫날보다는 조금 편안하게 말할 수 있었다. 여전히 어색했지만, 돈이 아깝다는 생각으로 계속했다. 한 달이 지났을 때, 놀라운 일이 일어났다. 어느 날 아침, 거울 앞에서 "나는 내가 좋다"라고 말하는데 거울 속 내가 미소 짓고 있었다. 내 안에 있던 부정적인 두꺼운 벽에 작은 균열이 생기기 시작한 것이다.

가장 신기한 변화는 내 시선이 달라지기 시작했다. 전에는 모든 것을 부정적으로 해석했던 내가, 같은 상황도 긍정적인 관점에서 바라볼 수 있게 되었다. 못생겼다고 생각했던 내 얼굴이 독특하고 웃음을 줄 수 있는 '웃긴 얼굴'로 보이기 시작했다.

"나는 내가 좋다"라는 다섯 글자는 단순한 문장이 아니라, 내 인생을 완전히 바꿔놓은 확언Affirmation이었다. 확언이란, 스스로에게 긍정적이고 구체적인 문장을 반복해서 말함으로써, 잠재의식을 긍정적으로 변화시키는 강력한 도구이다. 잠재의식은 반복되는 생각이나 말에 영향을 받아 일치되는 특성이 있다. 내 안에 깊이 뿌리내린 부정적인 생각들 사이로 긍정적인 확언이 뿌리내렸다. 덕분에 서서히 내 자존감이 긍정적으로 바뀌기 시작했다.

자존감을 높이고 싶다면 거울 앞에 서서 "나는 내가 좋다"를 7번 큰 소리로 외치기 바란다. 처음엔 나처럼 힘든 사람도 있을 것이다. 하지만, 반복하다 보면 자신의 장점이 보이기 시작하고, 자신이 좋아지기 시작할 것이다.

2) 자기 성취 쌓기

자기효능감이란, 문제나 과제를 해낼 수 있다는 믿음이다. 자기효능감은 과거에 자신이 문제를 해결했거나 성취한 경험이 많을수록 높다. 나는 학창 시절 공부도 못했고, 연애도 못하고, 취업도 못하는 등 대부분의 경험에서 실패했다. 이런 실패 경험 때문에 자기효능감이 매우 낮았다.

2008년 11월, 책을 쓰기로 결단하고 글을 쓰기 시작했다. 하루에 한 페이지씩 온라인 카페에 적기로 했다. 그런데 딱 작심삼일로 끝났다.

매일 하기 힘들어서 목표를 1주일에 글 7개로 변경했다. 하나의 글은 1문장 이상으로 쓰면 되는 것으로 목표도 낮췄다. 그렇게 글을 쓰기 시작하니 1주일에 7개 글을 쓸 수 있었다. 어떤 날은 1줄, 어떤 날은 5페이지 이상 가득 채우는 날도 있었다. 그렇게 우여곡절 끝에 10개월 동안 300페이지를 썼다. 이 글을 모아 출판을 했다.

이 책은 나에게 희망이 되었다. '또 책을 출판할 수 있겠다.'는 생각이 들었다. 하루에 한 페이지 쓰기를 계속 이어나갔다. 매년 한 권의 책이 출판될 때마다 '진짜 된다'는 것을 경험했다. 하루에 한 페이지 글쓰기는 자기효능감을 높여 주었다.

자존감의 중요한 한 축은 '자기효능감'이다. 자기효능감을 높이는 방법은 거창하지 않다. 아주 사소한 성취라도 좋다. 작고 보잘것없어 보이는 성취라도 쌓이면 서서히 변화한다.

오늘부터 무엇이든 작게 시작해보자. 하루 한 문장, 하루 한 걸음이면 충분하다. 지금 당장 눈에 보이는 거창한 성공이 없어도 전혀 상관없다. 그렇게 매일 쌓은 작은 성공들이, 언젠가는 절대 흔들리지 않는 나 자신을 만드는 강력한 자존감이 되어줄 것이다. 이 작은 자기효능감을 높이고, 나 자신을 믿고 오늘을 시작하자.

3) 인정하고 용서하기

나는 정말 내가 싫었다. 돌이켜보면, 많은 일들이 쌓이면서 점점 나를 싫어하게 된 것 같다. 어린 시절, 부모님의 이혼 후 조부모님의 손에 자랐다. 늘 외롭고 쓸쓸했다. 엄마에 대한 원망이 늘 가슴에 남아있었다. 아버지는 새 장가를 들어 떨어져 살았고 나는 조부모님과 평생 살았다. 늘 엄마와 아빠를 미워했다.

집에서는 늘 큰소리와 싸움이 끊이지 않았다. 할아버지는 술을 자주 드셨고, 그럴 때마다 집 안에는 고성과 함께 무언가가 깨지는 소리가 울려 퍼지곤 했다. 그런 환경이 너무 싫었다. 나는 항상 '문제아'라는 말과 '울보'라는 소리를 들었고, 한 번 울기 시작하면 다섯 시간 넘게 울었다. 지금 돌아보면, 왜 그랬는지 나도 잘 모르겠다.

학교에서도 나는 주변과 어울리지 못했다. 게임 속 세상에만 빠져 있었고, 공부도 못했다. 친구들은 이상한 별명으로 계속 나를 놀리고 조롱했다. 집과 학교 모두 정말 싫었다. '왜 나는 남들처럼 평범하게 잘하지 못할까?'라는 생각이 머릿속을 떠나지 않았다. 작은 실수 하나에도 나는 자책했다.

그랬던 내가 자존감을 회복하게 된 결정적인 전환점은 '용서'에 대해서 알게 되었을 때다.

"용서는 세상에서 가장 아름답고 이기적인 행동"

처음 이 문장을 읽었을 때는 말도 안 된다고 생각했다. '어떻게 쉽게 용서가 되냐?'는 생각을 했다. 용서는 과거에 붙잡혀 있는 족쇄를 풀어주는 열쇠라 했다. 이 문장을 숙제로 받고 용서할 사람과 내용을 다음과 같이 적었다.

> 엄마 : 엄마를 용서합니다.
> 아빠가 얼마나 힘들게 했으면 자식들을 두고 갔을까?
> 어렸을 때 거기까지 생각하지 못했어요. 엄마 죄송합니다.
>
> 아빠 : 아빠를 용서합니다.
> 아빠도 많이 힘들었을 텐데.. 나를 챙길 여력도 없었을 텐데..
> 옆에 계속 있어 주셔서 감사합니다. 혼자 많이 미워해서 죄송합니다.
>
> 친구 : 친구들 용서해. 당시 어렸으니 놀리는 게 당연해! 오히려 내가 웃고, 같이 즐겁게 했으면 되었을 텐데 화를 많이 내서 미안해. 그래도 나랑 놀아줘서 고마워. 친구들을 용서해
>
> 나 : 나를 용서해. 넌 아무것도 모르고 본능적으로 살았으니 그렇지. 과거는 어차피 흘러갔어. 이제 흘러간 과거에 묶이지 말고 내가 하고 싶은 거 하면서 살자. 잘 버텼어.
> 지금이라도 늦지 않았으니 최고로 행복하게 살자.

이 문장을 하나하나 써 내려가며, 나는 진심으로 나 자신을 마주했다. 그런데 그렇게 완성된 문장을 바라보는 순간, 묘한 기분이 들었다. 마음이 홀가분해지고, 가슴속 응어리가 조금씩 사라지는 느낌이었다. 그리고 알게 됐다. 오랜 시간, 부정적인 과거로 내 발목에 족쇄를 채운 건 바로 나 자신이었다는 것을. 그제야 용서가 왜 세상에서 가장 이기적이고 아름다운 행동인지 알게 되었다. 자존감을 높이고 싶다면 타인과 자신을 인정하고 용서해 보자.

바꿀 수 없는 것을
바꾸려고 하기 때문에

사람들은 종종 자신이 통제할 수 없는 상황을 바꾸려 애쓴다. 하지만 그런 노력은 불필요한 에너지를 소모하게 하고, 결국 좌절감만 남긴다. 예를 들어, 다른 사람의 행동이나 이미 지나간 자신의 실수를 바꾸려는 시도는 애초에 불가능하다. 바꿀 수 없는 것을 바꾸려 들면, 결국 지속적인 스트레스와 에너지 낭비로 이어질 수밖에 없다.

1) 모태솔로를 탈출한 방법

나는 29살까지 모태솔로였다. 우연히 친구와 이야기를 나누다가 내가 모태솔로를 벗어날 수 있었던 결정적인 이유를 찾을 수 있었다.

"난 왜 연애가 안 될까?"

"그래 너 정도면 모태솔로까지는 아니고 한두 번은 연애할 수 있을 것 같은데!"

"넌 연애를 잘하잖아. 특별한 비법이 있어?"

"아니 나도 특별한 건 없는데, 주위에 만날 수 있는 환경이 됐던 것 같아."

"나는 남중, 남고, 공대, 군대 취미는 야구라서 그런가?"

"그래! 여자를 만날 수 있는 환경이 안 됐던 거 같아. 여자가 많은 곳으로 가면 확률이 조금은 더 올라갈 거야! 이렇게 왜 연애가 안 되는지 계속 생각해봐. 하나씩 힌트를 찾을 수 있을 거야!"

무작정 푸념만 하던 나였다. 친구와의 이야기를 통해 연애가 안 될 것 같은 이유를 모두 적었다.

- 키가 작아서(168)
- 말이 많아서
- 피부가 안 좋아서
- 뚱뚱해서
- 능력(돈)이 없어서
- 차가 없어서

이렇게 적고 이것을 돈이 들어가지 않는 것부터 해결하려고 했다. 먼저, 키부터 해결하기 위해 10cm 키 높이 깔창을 사서 신발에 넣었다. 확실히 키가 커 보이는 효과가 있었다. 그런데 문제가 있었다. 의자에 앉으면 무용지물이었고, 신발 벗고 들어가는 장소에서는 들통난다는 것이었다. 게다가 발이 너무 아파서 오래 걸어다니지 못했다.

이번에는 말이 많은 것을 줄이기로 했다. 그래서 하고 싶은 말도 참고 인사와 필요한 말만 했다. 주위에서 '어디 아프냐?'라는 걱정을 계속 듣게 되었다. 그래도 나는 말을 줄이기 위해 노력했다. 그런데 말을 줄여도 연애는 되지 않았다. 친구에게 다시 고민 상담했다.

"깔창도 힘들고, 말 수 줄이는 것도 쉽지 않네."

"있는 그대로의 너를 좋아해 주는 사람을 만나야지. 네가 말을 줄여서 누가 너를 좋아하게 됐다고 치자. 너 평생 말 줄이고 살 자신 있어?"

"아니! 난 말 줄이니까 죽을 거 같아."

"그래! 말을 많이 하고 재미있는 사람을 좋아하는 여자를 만나야지!"

"앗!"

"문제는 남중, 남고, 공대, 군대, 취미로 야구한다고 했는데, 주위에 여자가 없잖아. 여자가 많은 곳에 가야 재미있는 사람을 좋아하는 여자도 만나지! 바꿀 수 없는 것에 집중하지 말고, 바꿀 수 있는 것에 집중해 봐!"

그 이야기를 듣고 취미로 살사 댄스 동아리를 선택했다. 나는 원래부터 춤을 좋아했었기 때문이다. 역시 남자보다 여자가 많았다. 그곳에서 썸도 타고 소개도 받으면서 결국은 모태솔로를 탈출할 수 있다.

나는 처음에 바꿀 수 없는 것을 바꾸려고 했다. 바꿀 수 없는 것에 집중하다 보니 힘들었고, 계속 제풀에 지쳤다. 행동도 마찬가지다. 먼저 바꿀 수 있는 것과 없는 것을 구분하고 바꿀 수 있는 것부터 바꿔나가야 한다.

2) 통제를 구분하기

교통 체증은 통제할 수 없는 상황이다. 출근길에 차가 막히면 짜증이 난다. '왜 하필 오늘 이렇게 막히는 거야?'라는 불만이 터져 나온다. 하지만, 도로 상황은 내가 통제할 수 없다. 이때 교통 상황을 불평할 것이 아니라, 그 상황에서 바꿀 수 있는 행동에 집중하는 것이다. 집에서 조금 더 일찍 출발하거나, 밀리지 않는 지하철을 이용하면 된다.

스티븐 코비의 '통제 가능 영역'으로 문제를 세 가지로 나눠봤다.

> 1. 통제할 수 없는 것
> - 기후, 경제 불황, 과거의 실수
>
> 2. 영향을 미칠 수 있는 것
> - 사람들과의 관계, 건강 습관
>
> 3. 완전히 통제할 수 있는 것
> - 나의 노력, 태도, 시간 관리

첫 번째 '통제할 수 없는 영역'은 바꿀 수 없다. 여기에는 기후, 경제 불황, 그리고 과거의 실수와 같은 요소들이 포함된다. 뉴스를 보며 하루 종일 걱정하거나, 과거의 후회 속에서 벗어나지 못하고 시간을 흘려보낸다. 하지만 이런 행동은 문제 해결에 아무런 도움이 되지 않는다. 오히려 삶의 만족도를 떨어뜨리고, 자존감을 갉아먹는다. 이 영역에 너무 집중하는 사람은 스스로를 피해자로 느끼기 쉽다. 세상이 나를 힘들게 한다고 생각하면서, 책임을 회피하고 변화를 멈춘다.

두 번째 '영향을 미칠 수 있는 영역은 직접 통제할 수는 없지만, 영향을 끼칠 수 있는 것'들이다. 사람들과의 관계, 건강한 습관, 업무의 효율성 같은 것들이 여기에 해당된다. 누군가와 갈등이 생겼을 때, 그 사람의 마음을 내가 마음대로 바꿀 수는 없다. 하지만 내 사과, 내 말투, 행동을 바꾸면 상대의 반응도 달라질 수 있다.

    이 영역에서 중요한 키워드는 책임감과 영향력이다. 이 영역에 집중하는 사람은 변화를 만드는 사람이다. "나는 이 상황에서 무엇을 할 수 있을까?"를 묻고, 작은 행동이라도 시작한다. 관계가 어긋났다면 먼저 사과하거나 진심을 전달한다. 이렇게 한 걸음씩 내딛는 사람은 삶의 중심을 스스로 지키며, 주변에도 긍정적인 영향을 끼친다.

    세 번째 '완전히 통제할 수 있는 영역'이다. 내 노력, 태도, 시간 관리, 선택 등이 포함된다. 이 영역은 전적으로 내가 책임지고, 결정하는 부분이다. 세상이 어떻게 변하든, 사람들의 반응이 어떻든, 내가 어떻게 반응하고 행동할지는 온전히 내 몫이다. 이 영역에서 중요한 자세는 자기 책임, 자기 주도성이다. 이 영역에 집중하는 사람은 진짜 성장한다.

    예를 들어, 건강과 운동에 대해서 목표를 세웠다. 통제할 수 없는 영역에 집중하는 사람은 "나는 살이 잘 안 빠지는 체질이야", "나이 들수록 살 빼기 힘드네"라며, 행동하지 않게 되고, 포기하게 된다.

    영향을 미칠 수 있는 영역에 집중하는 사람들은 "식사량을 줄이는 대신 단백질 위주로 먹는다", "수면 시간을 늘려서 회복을 돕는다"라며 전략적으로 접근한다.

완전히 통제할 수 있는 영역에 집중하는 사람들은 "비가 오면 계단 오르기 5회 반복한다.", "몸무게는 숫자일 뿐이다. 그냥 한다"라며 행동과 노력에 집중한다.

영 역	범 주	예시 (운동)
통제할 수 없는 것	체질, 유전, 나이	"살이 잘 안빠지는 체질이야"
영향을 미칠 수 있는 것	식단, 운동, 방법, 수면	식단 조절, 운동 방식 조정, 수면 관리
완전히 통제할 수 있는 것	행동, 태도, 선택	비 오면 계단 오르기, 하루 1시간 무조건

이 세 가지 영역을 구분한다. 통제할 수 없는 것에 집중하면 계속 말뿐인 사람이 된다. 하지만 내가 통제할 수 있는 영역에 집중한다면 행동이 시작된다.

Part 2.
스스로를 인정하는 용기
: 시작

망가진 내 인생
다시 돌리는 쉬운 방법

20대 때, 나는 내 인생이 망가졌다고 생각하고 인생을 포기했다. 게임을 하루에 8시간 했다. 취업도 포기했다. 연애도 포기했다. 그렇게 인생이 썩어가고 있었다. 하지만, 이 5단계를 통해 인생을 돌려세웠다.

1) 주변 깨끗하게 하기 : 물리적 공간

모든 것이 망가졌다고 느끼는 사람의 공간은 어지럽고 지저분한 경우가 대부분이다. 내 과거가 그랬고, 내가 상담했던 많은 사람의 공간도 그랬다. 눈에 보이는 공간이 어지럽다는 것은, 보이지 않는 마음의 상태도 어지럽다는 뜻이다.

망가진 삶을 돌이키고 싶다면, 가장 먼저 해야 할 일은 '물리적 공간을 정리하는 것'이다. 아주 작고 사소한 것 같지만, 그 변화는 생각보다 강력하다. 물리적 공간을 깨끗하게 하는 방법은 크게 세 가지로 나눌 수 있다. 정리, 정돈, 청결이다.

먼저, 정리는 먼저 물건을 '필요한 것'과 '불필요한 것'으로 나누는 것이다. 필요한 것은 잘 보관하고, 불필요한 것은 과감하게 버려야 한다. 버리기 아깝다면 중고로 팔아도 좋다. 특히 '쓰레기'는 즉시 버려야 한다. 쓰레기는 단순히 눈에 보이는 공간을 더럽히는 것만이 아니라, 내 심리적 에너지까지 탁하게 만든다.

두 번째, 정돈은 '남겨진 것들을 제자리에 두는 일'이다. 예를 들어 책은 바닥에 쌓아두는 것이 아니라 책장에 꽂아두는 것이다. 더 나아가 주제별로, 저자별로, 혹은 가나다순으로 정돈할 수도 있다. 정돈된 공간은 단순히 보기 좋은 것을 넘어, 긍정적인 에너지와 집중력을 만들어 준다. 정돈은 무언가를 찾으려고 허둥대지 않게 되어 시간 낭비를 하지 않게 된다.

세 번째는 청소. 더러운 물건이나 바닥을 깨끗하게 만드는 행동이다. 청소는 정리와 정돈을 마친 후, 공간에 생기를 되찾아주는 단계이다. 청소를 하면 공간이 밝아진다. 밝아진 공간은 곧, 나를 더 밝은 방향으로 이끌어주는 힘이 된다.

처음부터 완벽하게 모든 것을 정리, 정돈, 청결 상태로 만들어야 한다고 부담을 갖지 말자. 단 몇 분이라도 좋으니, 책상에만 치워도 된다. 주변의 '쓰레기'를 하나 버려보거나, 바닥에 널려 있는 물건을 지정된 장소로 옮겨보는 것도 좋다.

공간이 곧 나를 말해준다. 삶이 엉키고 무너져 보일수록 더욱 내 주변 공간에 관심을 기울여 보자. 주변을 깨끗하게 할수록, 머릿속도 차츰 맑아지고, 새로운 시작을 향해 나아갈 용기가 생겨날 것이다. 작은 것을 바꾸는 힘이 모여야 다음을 바꿀 수 있다.

2) 자기 관리

주변 환경이 어느 정도 정리되었다면, 그다음에는 자기 관리에 집중한다. 자기 관리는 외적인 몸가짐부터 바꿀 수 있다.

가장 기본적인 것 같지만, 우울감이나 무기력에 빠진 사람들은 샤워 주기가 길어지거나 대충 씻고 넘어가는 경우가 많다. 땀과 피지를 씻어내면서 머리부터 발끝까지 상쾌하게 만들어 주면 기분이 좋다. 샤워는 하루의 피곤함을 씻어내는 효과가 있기 때문에 몸 상태나 일정에 맞춰 규칙적으로 샤워 시간을 정해두면 좋다.

　깔끔한 헤어스타일은 자신감을 북돋우는 중요한 요소이다. 지저분하게 자란 머리카락을 제때 손질하지 않으면 외적으로도 좋지 않은 인상을 줄 수 있다. 자신이 거울로 봤을 때 스스로도 무기력함이 더 커진다. 정기적으로 미용실에 들러 머리 길이를 정리한다. 머리 손질에 조금만 신경 써도 거울 속 내 모습이 훨씬 단정해진다.

　손톱은 자주 들여다보지 않으면 금방 길어지고, 때로는 때가 끼거나 갈라지기도 한다. 손톱이 망가지거나 길면 외관상으로도 좋지 않을 뿐 아니라, 자기 관리에 소홀하다는 느낌을 스스로에게 주게 된다. 손이 깔끔하면 누군가와 대화할 때, 혹은 서류 작업할 때도 훨씬 더 단정한 인상을 심어줄 수 있다.

　단정한 옷차림을 하는 것도 스스로에게 자신감을 불어넣는다. 화려하거나 비싼 옷을 입으라는 의미가 아니다. 깔끔하고 상황에 맞는 옷차림을 하는 것이 좋다. 옷에 따라 행동이 달라지기 때문이다. 예를 들어, 남자들이 예비군복을 입으면 짝다리를 짚는다거나 안 좋은 행동을 하는 것도 옷차림 때문이다. 옷차림을 깔끔히 하면, 거울에 비친 내 모습을 보면서 "그래, 난 괜찮은 사람이야"라는 자기 확신이 생긴다.

　외적 관리는 단순히 보여주기 위해서가 아니라, 나 자신을 돌보고 아끼는 태도를 몸으로 표현하는 방법이다. 몸을 깨끗이 씻고 가꾸는 과정에서 스스로에게 긍정적인 메시지를 준다.

3) 아주 작은 목표 설정

인생을 바꾸고자 결심할 때, '너무 큰 목표', '너무 멀리 있는 목표'를 세우는 실수를 저지른다. "1년 안에 억대 연봉을 벌겠다", "3달 안에 10킬로그램을 감량하겠다"와 같이 멀고 거창한 목표를 처음부터 세워서는 안 된다. 거대한 목표는 오히려 나를 더 위축시킨다. 목표가 너무 크면 다시 '아무것도 하지 않는 나'로 되돌아가기 쉽다.

이럴 때 필요한 것은 '야망'이 아니라, '아주 작은 실천'이다. 『습관의 재발견』의 저자 스티븐 기즈 역시 크고 거창한 목표에 번번이 좌절했다. 그는 '하루 30분 운동하기'를 목표로 삼았지만, 끝내 실천하지 못했다. 결국 그는 목표를 과감히 줄여, '하루 팔굽혀펴기 1개'부터 시작하기로 했다. 그는 매일 팔굽혀펴기를 1개씩 했고, 어떤 날은 누운 상태에서 '오늘 아직 못 했네?'란 생각이 들어 다시 몸을 일으켜 실천했다. 그 작은 실천이 습관이 되었고, 결국 1년 동안 단 하루도 빠짐없이 이어졌다. 몸은 점점 탄탄해졌고, 자신감은 눈에 띄게 올라갔다.

다음 해에도 작지만 할 수 있는 목표로 '하루에 책 2페이지 읽기'로 정했다. 하루에 2페이지씩 읽었고, 어떤 날은 훨씬 많이 읽는 날도 있었다. 이 목표도 성공했다. 다음 해에도 작은 목표로 '하루에 글 2~3줄 쓰기'로 이어갔다. 작게 시작한 글쓰기는 점점 분량이 늘기도 했다. 블로그에 올린 글은 점차 많은 사람의 관심을 끌었다. 그 글들을 엮어『습관의 재발견』이라는 책을 출간했다. 이 책은 아마존 베스트셀러에 오르며 전 세계 수많은 사람에게 감동을 주었다.

기즈는 이렇게 말했다. **"하루 한 번 팔굽혀펴기가 내 인생을 바꿨다."**

4) 체크리스트 사슬을 이어가기

제리 사인펠드Jerry Seinfeld는 미국 유명 코미디언이다. 어느 날, 한 사람이 그에게 말솜씨의 비결을 물었다. 그러자 그는 '달력 시스템'이 바로 그 비결이라고 말했다.

그는 벽에 큰 달력을 걸어두고, 매일 농담을 만들어낼 때마다 빨간색 매직펜으로 그 날짜에 'X'를 표시한다고 했다.

"며칠이 지나면 빨간 'X'들로 이어진 사슬이 생기죠. 날이 갈수록 그 사슬이 더 길어지는데, 그 사슬을 보는 것은 정말 즐겁습니다. 사슬이 길어질수록 기분도 함께 좋아지죠. 이제 해야 할 일은 오직 그 사슬을 끊지 않는 것뿐입니다."

잠시 뒤 그는 다시 한번 강조해서 말했다.

"사슬을 끊지 마세요. (Don't break the chain.)"

이것이 사인펠드가 말한 달력 시스템이다. 다시 말해, 체크리스트이다. 체크리스트를 작성하면 행동 완료를 명확하게 남길 수 있다. 이 기록을 통해 자신이 설정한 목표를 완료했다는 사실을 눈으로 확인하고 성취감을 느끼게 된다. 어떤 목표를 설정했고, 어떻게 실행했으며, 실제로 얼마나 완성했는지 냉정하게 평가할 수 있게 한다.

가끔 목표를 달성하지 못할 수도 있다. 이때 스스로를 지나치게 비난하지 말아야 한다. 다음날부터 다시 체크리스트를 채워 나가면서 사슬을 이어가면 된다. 하루 빠진 날에 집중하지 말고 전체를 보면서 계속하자. 체크리스트는 '완벽한 기록'이 아니라, '지속 가능한 기록'이다. 체크리스트(달력)를 눈에 띄는 곳에 배치하고 완료하고 체크한다. 이는 단순한 기록을 넘어서, 삶을 실질적으로 변화시키는 강력한 도구가 된다.

5) 1~4단계 반복

앞선 단계를 모두 성공했다면, 이제 성장하면서 반복하면 된다. '작은 성공'을 '조금 더 큰 성공'으로 발전시키는 것이 핵심이다. 사람들은 단번에 인생이 뒤집어질 만큼 큰 변화를 원하지만, 실제로 인생의 변화는 사소한 일상의 반복에서 온다.

나는 앞선 방법대로 먼저 내 주위 공간을 정리했다. 공간을 정리하면서 이상하게 좋은 기분이 들었다. 위생도 깨끗하게 하고 머리와 옷도 깔끔하게 입기 시작했다. 책도 처음에는 하루 한 페이지 읽기로 시작했다. 한 페이지가 다음 페이지를 불러왔고, 그렇게 계속 책을 읽게 되었다. 그다음으로는 블로그에 글을 썼다. 잘 쓰는 것이 아닌 완성하기가 목표였다. 1년 동안 글쓰기에 성공했다. 이 글을 바탕으로 강의를 했다. 이 글은 지금까지 4,600개가 되었다. 이 글은 12권의 책이 되었고, 덕분에 전국구 강사가 되었다. 이 글을 바탕으로 숏폼을 매일 만들었다. 그 덕에 10만 유튜브 채널을 운영하게 되었다.

앞선 1~4단계를 반복했다. 한 단계가 습관이 되었을 때는 조금 더 어려운 목표로 점진적으로 높였다. 헬스장에 처음 갔을 때는 1kg 아령을 들어도 된다. 헬스장 가는 것이 쉬워졌다면 무게를 높여야 한다. 가벼운 아령으로는 근육을 만들 수 없는 원리와 같다.

지식을 쌓는 5가지 방법

지식은 행동력을 높이고, 지속력을 강화하는 중요한 요소다. 삶에서 원하는 목표를 이루기 위해서는 끊임없이 배우고 성장하는 자세가 필요하다. 하지만 지식을 쌓는 방법을 제대로 이해하지 못하면 효율적으로 배울 수 없다. 그렇다면 지식을 효과적으로 쌓을 수 있는 5가지 방법에 대해 알아보자.

1) 독서를 통해 지식 쌓기

가성비가 높은 지식 습득 방법은 독서다. 책 한 권에는 저자가 오랜 시간 연구하고 경험한 지식이 담겨 있다. 이러한 지식을 짧은 시간 안에 습득할 수 있다는 점에서 독서는 최고의 학습 방법이라 할 수 있다.

독서를 효과적으로 하기 위해서는 단순히 많은 책을 읽는 것이 아니라, 올바른 독서 습관을 갖추는 것이 중요하다.

먼저, 목적을 설정하고 읽는다. 단순히 재미로 읽는 것도 좋지만, 명확한 목표를 세우고, 이와 관련된 책을 읽으면 실행에 더 도움이 된다. 책을 처음부터 끝까지 읽는 것도 좋지만, 책의 목차를 파악한 뒤 가장 궁금하거나 필요한 부분부터 읽는 것도 좋은 방법이다.

예를 들어, 다이어트가 목표라면 건강과 다이어트에 관련된 책을 읽는다. 내가 가장 필요한 부분이 식이요법이라면 음식과 관련 부분을 먼저 읽고 적용한다.

책을 읽었다면, 메모하고 정리하는 식으로 꼭 아웃풋을 해보자. 읽은 내용을 기록하는 습관을 들이면 기억에 오래 남는다. 중요한 내용을 정리하면서 자신의 생각을 더할 수 있다. 실생활에 직용할 부분도 적어서 기억한다. 책에서 배운 내용을 실제 생활에서 활용해야 한다. 이론으로만 머무르면 지식이 아니라 정보로만 남을 가능성이 크다.

2) 오디오를 통해 지식 쌓기

현대 사회에서는 이동에 많은 시간을 할애할 수밖에 없다. 대부분 출퇴근길, 운동하는 시간, 집안일을 하는 동안 종종 스마트폰을 들여다보거나 멍하게 시간을 보내곤 한다. 하지만 이 시간을 보다 생산적으로 활용할 수 있는 방법이 있다. 바로 오디오를 이용해 지식을 쌓는 것이다.

오디오 콘텐츠는 팟캐스트, 오디오북, 강의, 유튜브의 음성만 활용하는 방식 등 다양한 형태로 제공된다. 시각 정보를 사용하지 않고도 정보를 습득할 수 있도록 도와준다. 특히 오디오 콘텐츠는 이동하면서도 꾸준히 배울 수 있는 도구다.

현대인 평균 하루 이동시간은 평균 74분(KTV국민방송 조사)이다. 이 중 1시간을 매일 오디오를 통해 지식을 쌓는다고 가정해보자. 일주일(평일만)에 5시간, 1년(52주)에 260시간이 된다. 이 시간은 대학교 1학기 공부하는 시간에 해당한다. 이동하면서 오디오를 통해 1년에 1학기를 이수할 분량의 지식을 쌓을 수 있다.

3) 온라인 강의를 통한 지식 쌓기

코로나를 겪은 이후, 온라인을 통해 다양한 지식을 습득하는 것이 일상이 되었다. 온라인 강의는 오디오에 비해 시각적 정보도 있어 더 깊이 있게 배울 수 있다. 게다가 이해가 어려운 부분을 반복해서 들을 수 있어서 학습효과가 크다. 시간과 공간의 제약도 없어 편리하게 지식을 쌓을 수 있다. 유튜브에서는 무료로도 좋은 정보를 얻을 수 있다. 보다 체계적인 지식이 필요하다면, 유료 콘텐츠를 활용하면 된다.

온라인 강의는 현대 사회에서 가장 효율적인 학습 도구 중 하나다. 하지만 단순히 강의를 듣는 것만으로는 지식을 쌓기 어렵다. 목표 설정, 계획 세우기, 능동적 학습, 실습과 응용하며 전략을 통해 효과적으로 학습해야 한다. 꾸준한 노력과 올바른 학습 방법을 결합한다면, 온라인 강의를 통해 원하는 지식을 쌓고 성장할 수 있다.

온라인 강의의 활용법

1. 필요한 강의 찾기 : 강사에 대한 정보수집 및 커리큘럼 확인하기

2. 계획 세우기 : 하루나 일주일에 듣는 시간과 듣는 장소도 구체적으로 계획을 세운다.

3. 능동적 학습 : 필기하면서 듣기, 요약하면서 듣기, 커뮤니티 및 그룹 활용하기

4. 실습과 응용하기 : 배운 내용을 실습 및 피드백하며 교육 참여하기

4) 세미나를 통한 지식 쌓기

세미나Seminar는 특정 주제에 관한 지식과 정보를 공유하고 토론하는 모임이다. 요즘은 다양한 방법으로 세미나가 진행되고 있다. 세미나는 단순한 강의보다는 조금 더 체계적이다. 세미나에서 다루는 주제는 일반적인 강의나 교재보다 더 깊이 있고 전문적인 내용을 다루는 경우가 많다. 최신 연구 결과나 업계 동향, 새로운 이론이나 방법론 등을 접할 수 있어, 해당 분야의 최전선에 있는 지식을 습득할 수 있다.

세미나는 같은 관심사나 분야의 사람들이 모이는 자리이기 때문에 귀중한 네트워킹의 기회를 제공한다. 이러한 인적 네트워크는 개인의 경력 발전과 지식 확장에 큰 자산이 될 수 있다. 같은 관심 분야의 전문가, 연구자, 실무자들과의 교류를 통해 정보를 공유할 수 있다. 이들과 협업 기회를 모색하며, 멘토링을 받을 수도 있다. 세미나에서는 강사에게 배우는 것뿐만 아니라, 참가자들 간의 교류를 통해서도 새로운 영감을 얻을 수 있다. 그 공간에 함께 있는 사람들의 에너지가 긍정적인 자극이 되어, 동기부여의 계기가 되기도 한다.

세미나의 큰 장점 중 하나는 실시간 상호작용이 가능하다는 것이다. 책, 온라인 강의 등의 피드백이 없는 학습 매체와 달리, 세미나에서는 질문하고 즉각적인 답변을 받을 수 있다. 이는 특히 복잡하거나 이해하기 어려운 개념에 대한 명확한 이해를 도울 수 있다. 또 세미나 이후에도 관계를 맺어 소통할 수도 있다.

5) 좋은 스승이나 멘토를 통해 배우기

나는 24살 때 MC가 되고 싶다는 꿈을 품었다. 하지만 막연히 꿈을 품는 것만으로는 아무것도 이룰 수 없다는 것을 잘 알고 있었다. 그래서 나는 대구 YMCA에서 레크리에이션을 배우기로 결심했다. 그곳에서 만난 박동철 선생님은 내게 많은 영향을 준 분이었다.

강의를 마치고 뒤풀이 자리에서 용기를 내어 선생님께 말했다.

"실제로 MC 하는 모습을 꼭 한 번 보고 싶습니다. 혹시 기회 될 때 현장에 보러 가도 되겠습니까?"

박동철 선생님은 잠시 고민하시더니 답변하셨다.

"닫힌 공간은 조금 어려운데, 열린 장소라면 와도 괜찮아."

니는 이 기회를 놓치고 싶지 않았다.

"네, 꼭 가고 싶습니다."

그렇게 해서 처음으로 박동철 선생님이 MC를 보는 현장을 직접 볼 기회를 얻게 되었다. 그 첫 만남이 경북대학교 운동장에서 열리는 행사였다. 수많은 사람이 모여 있는 그곳에서 박동철 선생님의 진행을 보며 많은 것을 배웠다. 행사 분

위기를 자연스럽게 이끌어가고, 관객과 소통하며 웃음을 주는 모습이 너무 멋져 보였다. 마이크를 잡은 그의 한마디 한마디가 사람들에게 큰 영향을 미치는 것을 보면서, 나도 저렇게 되고 싶다는 마음이 더욱 간절해졌다.

그날 이후로 박동철 선생님과의 인연은 계속 이어졌다. 선생님께서는 단순히 MC 기술뿐만 아니라 독서의 중요성, 긍정적인 마인드, 강의하는 법 등 다양한 분야를 배울 기회를 주셨다.

멘토의 중요성도 그분을 통해 다시금 깨닫게 되었다. 혼자서 노력하는 것도 물론 중요하다. 하지만, 경험이 풍부한 멘토에게 배우면 더욱 빠르게 성장할 수 있다. 내가 만약 혼자서 MC가 되는 법을 공부했다면, 시행착오를 겪으며 더디게 성장했을지도 모른다. 하지만 좋은 멘토를 만나 조언을 듣고 실력을 키울 기회를 얻었기에 훨씬 더 빠르고 효과적으로 성장할 수 있었다.

좋은 멘토를 만나는 것은 단순히 기술적인 부분을 배우는 것을 넘어, 인생의 방향을 잡아주는 중요한 역할을 한다. 멘토는 나보다 앞서 걸어간 경험을 바탕으로 더 나은 길을 제시해 준다. 어려운 순간에 길을 물을 수 있어 방향을 잃지 않도록 도와준다. 그 길을 먼저 걸어간 누군가가 있다면 그들의 지혜를 빌려 보자.

두려움을 사라지게 하는 4가지 방법

사람들은 두려워서 시작하지 않고 행동하지 않는다. 나 또한 두려움 때문에 행동하지 않았다. 결국, 내가 깨달은 것은 '두려움은 결국 허상'이라는 것이다. 그러나 허상이라는 것을 알아도 두려움은 쉽사리 사라지지는 않는다. 두려움을 사라지게 하는 4가지 방법을 알아보자.

1) 그 두려움을 적어보기

사람의 머릿속은 수많은 생각으로 가득 차 있다. 걱정과 불안, 두려움 같은 부정적인 감정들은 쉽게 커지고 꼬이면서 정신을 더 피곤하게 만든다. 부정적인 감정들은 실타래처럼 엉켜버려서 어디서부터 풀어야 할지조차 막막하게 느껴질 때가 많다.

이런 복잡한 생각과 감정을 머릿속에만 담아두지 않고 글로 꺼내 보면, 놀랍게도 생각이 정리되고 해결책이 보이기 시작한다. 두려움을 글로 적는 순간, 그 감정을 보다 객관적으로 바라볼 수 있게 된다. 막연한 감정이었던 두려움을 단어로 표현하면 그 두려움은 더 이상 정체를 알 수 없는 공포가 아니라, 구체적으로 다룰 수 있는 문제로 바뀌게 된다.

예를 들어, "나는 발표가 두렵다"라고 생각하는 경우, 그 두려움은 한없이 커질 수밖에 없다. 이를 글로 표현해서 좀 더 구체적인 질문을 던지면, 문제의 본질을 보다 명확하게 파악할 수 있다.

- 왜 발표가 두려운가?
- 어떤 점이 가장 걱정되는가?
- 실수할까 봐?
- 사람들이 비웃을까 봐?
- 완벽하지 않을까 봐?

이렇게 구체적인 질문을 통해 두려움의 원인을 분석하다 보면, 단순한 공포에서 벗어나 해결책을 찾을 실마리를 얻게 된다. 글로 적으면 감정이 정리되면서 심리적 안정을 찾을 수 있다. 처음에는 엄청나게 큰 문제로 느껴졌던 두려움을 막상 글로 적어 보면 '생각보다 별거 아니네?'라고 느껴질 수도 있다.

현재 가장 걱정하고 있는 것이 무엇인지 종이에 적어 보자. 그것이 무엇이든 상관없다. 단순한 불안부터 깊이 있는 공포까지, 내가 느끼고 있는 감정을 솔직하게 적어 내려가 보자.

2) 최악을 상상하기

내가 두려움을 이기는 방법은 '최악을 상상하는 것'이었다. 많은 사람들은 무언가를 시작하려 할 때, 막연한 두려움에 가로막히곤 한다. 나 역시 그랬다. 2017년, 유튜브를 처음 시작할 때 수많은 걱정과 불안이 머릿속을 가득 채우고 있었다.

"만약 실패하면 어떻게 하지?", "주변에서 비웃으면 어쩌지?", "악플이 넘쳐나면 견딜 수 있을까?" 유튜브 채널 개설 버튼을 누르는 그 짧은 순간에도 온갖 부정적인 상상이 떠올랐다. 사람들의 냉정한 평가 앞에 무너질지도 모른다는 두려움에 손이 떨릴 정도였다.

하지만 내가 이 두려움을 극복한 방법은 생각보다 단순했다. 종이 한 장을 꺼내놓고 최악의 상황을 구체적으로 적기 시작했다.

- 아무도 내 채널을 구독하지 않으면 어떻게 하지?
- 온갖 악플과 비난이 쏟아지면 어떻게 하지?

- 산 장비에 대한 손해가 클 텐데..

이렇게 최악을 구체적으로 적어 보니, 머릿속에서 엄청나게 커 보였던 두려움이 사실 생각만큼 치명적인 것이 아니었다. 냉정하게 보니 충분히 견딜 만한 수준이었다. 나는 각각의 최악의 상황에 대한 해결책을 생각하기 시작했다.

2년 동안 구독자가 없다면?
- 그럼 그냥 그만두자. 유튜브가 전부는 아니니까!
악플이 달리면 어떻게 하지?
- 악플이 달리는 대로 그냥 지워버리면 된다.
장비 손해는 어떻게 하지?
- 중고로 다시 팔자. 손해를 봤자 30만 원 미만이다.

이렇게 최악을 정리하고 하나씩 해결책을 찾고 나니, 내 안의 막연한 두려움은 현저히 줄어들었다. 막연한 두려움은 쉽게 다룰 수 있는 작고 구체적인 문제로 바뀌었다. 나는 더 이상 두려워하지 않고 유튜브를 시작했다.

내가 두려워했던 최악의 상황과 달리, 2년 만에 5천 명이라는 구독자를 모을 수 있었다. 내가 올리는 영상마다 응원과 격려의 댓글이 달렸다. 그 과정에서 얻은 자신감과 성취감은 상상했던 것 이상이었다. 악플은 있었지만, 생각보다 많지 않았고, 무시하거나 지우는 것으로 충분했다.

　유튜브로 엄청난 변화가 있었던 건 아니었지만, 많은 기회가 생겼다. 5년이 흐른 지금은 구독자 10만을 돌파해 '실버버튼'의 목표에 도달할 수 있었다.

　사람들은 두려움을 크게 부풀린다. 최악을 막연하게 상상하며, 스스로의 마음속에 거대한 장애물을 만들어 버린다. 그런데 막상 두려움을 적어 보면 생각했던 것보다 훨씬 작고 구체적이다. 막연한 두려움을 극복하기 위해서는 정면으로 마주하고 해부해서 자세히 살펴보는 과정이 필요하다.

3) 작은 두려움을 맛보기

　나는 군대에서 인생의 새로운 꿈을 발견했다. 그것은 가수에 도전하는 것이었다. 가수는 늘 마음 깊숙이 품고 있던 꿈이었지만, 나는 심각한 무대 공포증을 앓고 있었다. 무대 위에서 많은 사람들 앞에 서는 것만 상상해도 숨이 막혔다. 그러나 가수의 꿈을 쉽게 포기할 수는 없었다. 그래서 나는 가장 쉬운 방법부터 찾기 시작했다. 그 방법은 가장 친한 친구에게 노래를 부르는 것이었다. 군대라 직접 부를 수는 없었지만, 전화를 걸어 떨리는 목소리로 노래를 불렀다. 친구는 진지하게 들어주며 따뜻하게 격려해 주었다. 아무것도 아닌 전화 한 통일 수 있었지만, 나에게는 두려움을 극복하는 첫걸음이었다. 그 후, 군에서 휴가를 나왔을 때, 친구 앞에서 노래방에서 직접 노래를 불러 보았다.

자신감이 커지자 이번엔 조금 더 큰 도전을 해보고 싶었다. 댄스 동아리에 가입했다. 혼자 오르는 무대가 아니라 여러 사람과 함께라면 덜 두려울 것 같았다. 댄스 동아리에서 열 명과 함께 작은 무대에 올랐다. 첫 무대에서 손발은 떨렸지만, 함께 춤추다 보니 두려움보다 즐거움이 더 커졌다.

이런 경험을 바탕으로 소규모 가요제에 계속해서 참가했다. 매번 무대에 오를 때마다 긴장은 여전했다. 하지만 무대가 반복될수록 이전보다 덜 떨리고 두려움도 서서히 사라져갔다. 어느 날은 무대에 오르는 것이 조금씩 기다려지기도 했다. 무대 위에서의 떨림이 설렘으로 변하는 순간이었다.

결국, 방송국의 큰 무대까지 진출하는 기회가 생겼다. 무대 공포증으로 인해 꿈조차 꾸지 못했던 TV 출연을 세 번이나 하게 되었다. (무한도전, 쇼파워비디오, 2006팔도모창가수왕) 처음 무대에 올랐을 때는 숨이 멎을 듯한 긴장감이 있었다. 그렇지만 그동안 쌓인 작은 경험들이 나를 지탱해 주었다.

두려움을 이기는 가장 확실한 방법은 직접 그 두려움과 마주하는 것이다. 큰 두려움을 바로 마주하기 어려운 사람이라면, 나처럼 작은 두려움부터 하나씩 부딪혀보는 것도 좋은 방법이다. 작은 두려움을 경험하는 것이야말로 두려움을 점차 이겨 나가는 길이다. 두려움을 줄여 나갈수록, 더 큰 성취가 따라온다.

4) 실패의 재해석

성공한 사람과 실패한 사람의 공통점은 둘 다 실패를 한다는 것이다. 이 두 사람의 차이점은 성공한 사람은 실패를 과정으로 생각하고, 실패한 사람은 실패를 결과로 생각한다는 것이다. 실패를 한 문장으로 재해석해 준 문장이 있다.

**"실패하는 사람은 실패가 걸림돌이 되어 넘어지고
성공하는 사람은 실패를 디딤돌로 딛고 올라간다."**

이 문장을 만나고 나는 실패를 과정으로, 실패를 디딤돌로 생각했다. 그러자 실패에 대한 두려움이 서서히 사라졌다.

사람들이 실패를 두려워하는 가장 큰 이유는 사회의 시선과 자존심 때문이다. 어릴 때부터 우리는 "실패는 나쁜 것"이라는 인식을 배우며 자랐다. 시험에서 떨어지면 부모님께 혼나고, 친구들 사이에서 무시당할까 봐 걱정한다. 회사에서 프로젝트가 실패하면 상사에게 질책을 받고, 동료들의 평가가 신경 쓰인다.

실패에 대한 두려움을 가진 사람들이 많다. 누구도 실패를 원하지 않는다. 실패하면 상처받고, 좌절하고, 자존감이 떨어질 수 있기 때문이다. 과거의 실패가 아픈 기억으로 남아 있다면, 다시는 그런 경험을 하고 싶지 않다는 생각이 들기도 한다. 하지만, 실패는 어떻게 받아들이느냐에 따라 달라진다.

토머스 에디슨은 전구를 발명하기까지 수천 번의 실패를 경험했다. 어떤 기자가 "수천 번이나 실패했는데, 낙담되지 않습니까?"라고 묻자, 그는 이렇게 답했다.

"나는 실패한 것이 아니라, 전구가 켜지지 않는 1,000가지 방법을 발견한 것이다."

마이클 조던도 마찬가지다. 그는 이렇게 말했다.

"나는 9,000번 이상 슛을 놓쳤고, 300번 이상의 경기에서 졌다. 결정적인 순간에 슛을 실패한 적도 여러 번 있다. 나는 계속해서 실패했다. 그리고 그것이 내가 성공할 수 있었던 이유다."

승자들은 패자보다 더 많은 실패를 경험했다. 하지만 그들은 실패를 걸림돌로 삼지 않고, 디딤돌로 삼아 더 배우고 교훈으로 삼았다. 중요한 건, 실패를 어떻게 해석하느냐에 달렸다.

후회를 최소화하는 방법

누구나 후회한다. 어떤 후회는 금방 잊혀지지만, 어떤 후회는 평생 마음에 남는다. 후회는 크게 두 가지로 나눌 수 있다. 이 두 가지 후회에 대해 알게 되면, 우리는 후회를 최소화하고, 그로 인헤 더 많은 행동을 하며 성장할 수 있다.

1) 내가 후회를 없앤 방법

22살, 내 꿈은 가수였다. 가요제에도 100번 이상 참가했고, <MBC 팔도모창가수왕>, <쇼파워 비디오>, <무한도전>에도 출연했다. 그러나 생계 문제로 25살에 가수의 꿈을 포기해야 했다. 그럼에도 가수라는 꿈은 내 가슴 속에 응어리처럼 남아 후회로 이어졌다. 이 응어리를 멘토님께 털어놨다.

"가수가 정말 되고 싶습니다. 저도 TV 오디션에 도전하고 싶습니다."
"그러면 하면 돼지! 왜 고민이야?"
"나이도 28살로 많고, 할머니도 나이가 많으시고, 생계도 겨우 해결하는데요."
"그럴 수 있겠네. 그러면 가수를 깨끗하게 포기하면 되잖아."
"이상하게 가수라는 꿈이 응어리가 돼서 안 사라져요."
"그래! 질문하나 할게. 사람은 한 행동에 대한 후회가 오래갈까? 하지 않은 행동에 대한 후회가 오래갈까?"
"하지 않은 행동에 대한 후회가 오래갈 거 같은데요."
"그래, 사람은 하지 않은 행동에 대한 후회가 더 오래가! 예를 들어, 한 남자가 짝사랑하는 여자에게 고백하지 않았다면, 고백했을 때보다 더 후회가 오래가! 심리학에서는 실패한 경험도 시간이 지나면 '그래도 배운 게 있다'라고 생각하게 된다고 해. 반대로 시도조차 하지 않은 일은 미련으로 남아서 계속 후회하게 만든대."
"제 응어리를 풀 방법은 행동하는 거겠네요."

그래서 나는 28살에 다시 한번 더 가수에 도전했다. 할 수 있는 모든 오디션과 시험을 봤다.

- 슈퍼스타K3 오디션 탈락
- MBC 위대한 탄생 오디션 탈락
- 코리아 갓 탤런트 탈락
- 아침마당 방송 출연
- 히든 싱어 탈락

그 외에도 모든 곳에서 탈락한 후, 나는 결국 내 실력이 가수가 되기에는 부족하다는 것을 인정하게 되었다. 이후 가수에 대한 응어리는 완전히 사라졌다. 그 경험을 바탕으로, 무언가를 결정할 때 이 원리를 떠올리며 행동으로 옮기기로 했다. 대부분의 선택을 행동으로 이어갔고, 그 덕분에 후회는 줄어들었다. 그 과정에서 많은 배움과 성장이 있었다.

2) '한 행동에 대한 후회' vs '하지 않은 행동에 대한 후회'

심리학자 토마스 길로비치Thomas Gilovich와 빅토리아 휴스테드 메드벡Victoria Husted Medvec의 연구에 따르면, 사람들은 단기적으로 '한 행동에 대한 후회'를 더 강하게 느낀다. 하지만 시간이 지나면서 점차 '하지 않은 행동에 대한 후회'를 더 크게 느낀다고 한다. 그들은 여러 사람을 대상으로 후회에 대해 인터뷰를 진행했으며, 시간이 지날수록 사람들이 가장 자주 언급한 후회는 바로 "하지 않은 것들"이었다.

'한 행동에 대한 후회'는 주로 최근에 일어난 일에 대한 반성에서 비롯된다. 예를 들어, 중요한 시험이나 발표에서 실수한 후에 느끼는 후회가 이에 해당한다. 이러한 후회는 보통 짧은 시간 동안 강하게 느껴지며, 시간이 지나면서 점차 사라지거나 완화된다. 이는 실수를 통해 배운 교훈이 새로운 경험으로 대체되거나, 그 실수를 보완하는 방법을 찾게 되기 때문이다.

'한 행동에 대한 후회'는 주로 '무엇을 잘못했는가?'라는 질문에서 시작된다. 이 질문은 스스로 실수를 인정하고, 그 실수를 어떻게 개선할 수 있을지에 대한 답을 찾도록 만든다. 이러한 과정과 실수를 통해 우리는 성장하고, 더 나은 결정을 내릴 수 있다. '한 행동에 대한 후회'는 보통 구체적인 해결책이나 대안을 찾을 수 있다. 시간이 지나면서 이 후회는 자연스럽게 줄어든다.

반면, '하지 않은 행동에 대한 후회'는 주로 오래된 일에 대한 아쉬움에서 비롯된다. 예를 들어, 중요한 기회를 놓쳤거나 하고 싶었던 일을 하지 못했을 때 느끼는 후회가 이에 해당한다. 이 후회는 시간이 지나도 쉽게 사라지지 않으며, 오히려 더 깊어질 수 있다.

'하지 않은 행동에 대한 후회'는 주로 '무엇을 하지 않았는가?'라는 질문에서 시작된다. 이 질문은 놓친 기회나 이루지 못한 꿈에 대한 아쉬움을 떠올리게 한다. 그러나 이러한 후회는 구체적인 해결책을 찾기 어렵다. 하지 않은 행동에 대한 후회는 실제로 경험하지 못한 것에 대한 상상과 기대가 더해져, 더욱 깊고 지속적인 후회를 남긴다.

하지 않은 행동에 대한 후회와 한 행동에 대한 후회의 결정적인 차이는 바로 시간에 있다. 한 행동에 대한 후회는 최근에 일어난 일로, 짧은 시간에 후회하고 사라진다. 반면, 하지 않은 행동에 대한 후회는 오래된 일로, 오랫동안 후회가 남고 쉽게 사라지지 않는다.

건강을 해치거나 금전적으로 큰 손해를 보지 않았고, 남에게 해를 끼치지 않았다면, 후회를 최소화하고 싶다면 행동으로 옮기자. 행동하면 후회는 줄어들고, 실행력은 높아진다. 그 과정에서 경험을 통해 배움이 생기고, 더 성장할 수 있다.

시작의 저항을 낮추기

의지력이 약해서 작심삼일이 된다고 생각한다. 그러나, 진짜 문제는 의지력 그 자체가 아니라, 행동을 가로막는 '저항'에 있다. 행동의 저항이 크면 의지력은 금세 소진되고, 실행력도 덩달아 낮아진다. 예를 들어, 아침에 일찍 일어나 책을 읽겠다고 결심했는데, 침대 옆에 책 대신 스마트폰이 놓여 있다. 스마트폰을 집어 드는 순간, 유튜브나 SNS의 유혹에 빠져 계획은 물거품이 된다. 이는 의지력이 약한 것이 아니라, 책을 읽기 위한 저항이 크고, 스마트폰을 피하기 위한 저항이 낮았기 때문이다.

1) 왜 나는 매번 작심삼일에서 끝날까?

아는 지인이 소개해 준 헬스장에 등록했다. 대구 중심에 위치하고, 시설도 최고급이었다. 지인 소개로 큰 할인을 받을 수 있었고, 집에서 30분 거리에 있었지만, 할인과 시설을 보고 운동을 시작했다. 그 헬스장에는 몸이 좋은 사람들도 많았고, 모두 멋진 운동복을 입고 운동하고 있었다. 나도 운동을 시작하는 기념으로 새 운동복을 샀다. 처음 3일 동안은 열심히 운동했다.

문제는 헬스장에 가는 게 너무 귀찮았다는 것이다. 크게 두 가지 이유가 있었다. 첫 번째는 운동복을 매번 빨고 가지고 다녀야 했다는 점이다. 당시에는 건조기도 없어 운동복이 잘 마르지도 않았고, 그 번거로움이 있었다. 두 번째는 거리 문제였다. 운동을 하러 가려면 왕복 1시간을 써야 했고, 그만큼 시간이 낭비된다고 느꼈다. 이 두 가지 저항 때문에 헬스장에 자주 가지 않게 되었고, 결국 3개월 계약한 헬스장은 총 15회 정도 가고 끝나버렸다.

최근 다이어트를 시작할 때는 무조건 가까운 헬스장에 등록했다. 차로 5분 거리에 위치한 곳이었다. 운동복은 멋지지 않지만 언제든지 받을 수 있었고, 운동에 필요한 신발, 물통, 세면도구 등을 보관할 사물함도 신청했다. 덕분에 매번 헬스장에 갈 때 챙겨야 할 물건이 없어서 몸만 가면 되었다.

헬스장에 가기 싫은 날은 집에 오는 길에 들러 샤워만 하기도 했다. 세면도구가 헬스장에 비치되어 있고, 헬스장이 가까웠기 때문이었다. 이렇게 헬스장에 들어가는 저항을 줄였고, 오늘도 헬스장에 갔다. 그 덕분에 몸무게는 14kg 감량하고, 체력도 향상되었다. 다이어트와 운동에 성공한 또 하나의 이유는 행동에 대한 저항을 낮췄기 때문이다.

2) 저항을 낮게 만드는 행동 설계

심리학에서는 특정 행동을 지속하기 위해 그 행동을 위한 장애물을 최소화하는 것이 중요하다고 말한다. 이를 행동 경제학에서는 '행동 설계 Behavior Design'라고 부르며, 이 개념은 행동을 시작하고 지속하는 데 중요한 역할을 한다. 행동 저항을 낮추는 3가지 원리가 있다.

첫 번째, 행동과 보상의 거리를 최소화해야 한다. 즉, 행동을 실행하기 위한 '거리'가 짧아야 한다. 헬스장이 가까울수록 운동할 확률이 높아지는 원리와 같다. 군것질 거리가 가까우면 군것질을 하게 되므로, 대신 과일 바구니를 식탁에 잘 보이게 두면 군것질을 줄이고 과일 섭취를 늘릴 수 있다.

두 번째, 결정을 내리는 동안 피로를 최소화해야 한다. 예를 들어, 헬스장에 가기 전에 운동복, 신발, 물통을 챙기는 과정 자체가 결정 피로를 유발한다. 마크 저커버그나 스티브 잡스가 항상 같은 스타일의 옷을 입는 이유도 결정을 줄여 피로를 최소화하기 위함이다.

세 번째, 환경을 미리 설정하면 행동의 저항이 줄어든다. 예를 들어, 출근이 힘들다면 전날 입을 옷을 미리 정해두거나 출근 가방을 준비해두는 것이다. 책상 정리를 미리 해 두면 필요한 것을 찾느라 에너지 소모가 줄어든다.

반대로 하지 말아야 행동이 있다면 그 행동의 저항값을 높이면 된다. 예를 들어, 체중 감량을 목표로 나쁜 음식을 먹지 않기로 했다면 집에 간식부터 모두 없애야 한다. 나쁜 음식을 먹기 위해서는 헬스장에서 최소 1시간 이상 운동을 한 뒤에만 먹을 수 있다는 저항을 줄 수 있다. 하지 말아야 할 행동이 있다면 쉽게 그 행동을 하지 않게 저항을 주면 된다.

"시작을 쉽게, 포기를 어렵게 만들어라!"

Part 3.
말만 하던 것들을 현실로 이루기
: 목표 세우기

목표를 구체적으로 만드는 3가지 방법

대부분 목표를 세울 때 막연한 바람을 담곤 한다. '부자되기', '운동 열심히 하기', '영어 잘하기' 같은 목표를 세운다. 이 목표는 겉으로 보면 훌륭해 보이지만, 막상 실천하려고 하면 방향을 잡기 어렵다. 왜냐하면 목표가 추상적이기 때문이다. 목표는 구체적일수록 현실로 이뤄질 확률이 높아진다.

1) 구체적인 사물이나 행동 설정하기

막연한 목표는 실행 계획을 세우기 어렵고 달성 여부를 측정하기도 힘들다. 예를 들어, 해외여행이라는 목표는 구체적이지 않다. 해외에는 수많은 나라와 수많은 도시가 있기 때문이다. 어떤 도시에서 구체적으로 어떤 행동을 하고 싶은지를 정해야 한다.

　일반적인 목표 : 해외여행 가기
　구체적인 목표 : 이탈리아 피사의 사탑을 배경으로 시그니처 포즈 사진 찍기

　구체적인 목표는 명확한 장소, 특정 대상, 정확한 행동을 포함한다. 목표를 구체화하면 여행 계획을 세울 때 필요한 정보(예: 이탈리아 비자 요건, 피사의 사탑까지의 교통편, 방문 시간 등)를 더 쉽게 파악할 수 있다.

　구체적인 목표는 단순히 계획을 세우는 것을 넘어 강력한 심리적 효과를 발휘한다. 인간의 뇌는 추상적인 개념보다는 구체적인 이미지를 더 잘 처리한다. 감각적인 표현을 추가하면 목표가 더 생동감 있게 느껴진다. 예를 들어, 피사의 사탑에서 사진을 찍을 포즈를 상상할 때, 시각적 요소와 기울어진 느낌이 더해진다. 뇌는 이를 마치 실제로 경험한 것처럼 반응하며 강한 동기부여를 유발하기도 한다.

　목표를 구체화하는 데 사용할 수 있는 다양한 요소들이 있다.

> 구체적인 요소들
>
> 1) 공간적 요소 : 달리기보다 한강공원에서 달리기
>
> 2) 계절적 요소 : 일본 여행보다 벚꽃이 흩날리는 일본 여행
>
> 3) 사회적 요소 : 여행보다 아이들이 활짝 웃을 수 있는 가족 여행
>
> 4) 미각적 요소 : 유럽 여행보다 입에서 사르르 녹는 케이크 먹방 여행
>
> 5) 청각적 요소 : 강연하기보다 강의하고 서울대 강당에서 만석 채운 강의

2) 목표에 '숫자' 넣기

목표를 더 구체적으로 만들기 위해서는 '횟수', '금액', '시간' 등과 같은 숫자를 포함해야 한다. 예를 들어, 단순히 '부자가 되겠다'라고 하면 기준이 없다. 부자의 기준이 모두 다르다. 어떤 사람에게는 월수입 1,000만 원이 부자의 기준이 되고, 어떤 사람은 100억 자산이 부자의 기준일 수 있다. 숫자를 넣어 명확한 기준을 만들면 구체적인 목표가 된다.

수치화된 목표는 동기부여에도 긍정적인 영향을 미친다. 인간의 뇌는 '측정할 수 있는 목표'를 좋아한다. 목표를 달성

했을 때 명확한 성취감을 느낄 수 있기 때문이다. 예를 들어, "운동을 열심히 하겠다"라고 목표를 세운다면 얼마나 해야 열심히 한 것인지 판단하기 애매할 수 있다. 반면, "하루 1시간 운동하기"라고 하면, 매일 체크하면서 진행 상황을 점검할 수 있고, 목표에 도달했다는 만족감도 더욱 커진다.

목표를 구체적으로 정하면 도파민이 활성화된다. 도파민은 명확한 목표를 가질 때 더 강하게 분비된다. 숫자로 정해진 목표를 해냈을 때도 도파민이 활성화되며 지속적으로 동기부여를 받는다.

일반적인 목표: 부자 되기
구체적인 목표: 월수입 1,000만 원 만들기

3) 목표에 '마감 기한'을 넣기

"다이어트는 내일부터"라는 유명한 문장이 있다. 왜 다이어트는 내일부터일까? 다양한 이유가 있다.

1) 절실하지 않아서
2) 합리화해서
3) 마감 기한이 없어서

이 중 미루는 가장 큰 원인은 마감 기한이 없기 때문이다.

만약, 다음 주에 바디 프로필을 찍는다면 오늘 치킨을 시킬 것인가? 내일 중요한 발표가 있는 날인데 오늘 저녁에 SNS를 보고 놀 것인가? 대부분의 사람은 마감 기한이 주어질 때 비로소 움직인다. 단순한 게으름이 아니라, 명확한 마감 기한이 없기 때문에 행동으로 옮기지 않는 경향이 높다.

　막연하게 '부자가 되고 싶다'라고 생각하는 것은 누구나 하는 일이다. 하지만 언제까지, 얼마를, 어떻게 벌 것인지에 대한 구체적인 계획이 없으면 그 목표는 공상에 가깝다.

> 일반적인 목표 : 부자 되기
>
> 구체적인 목표 : 2033년 12월 3일까지(50번째 생일), 순자산 20억 만들기

　이 글을 쓰는 현재는 1월 29일, 베트남 여행을 가는 비행기 안이다. 왜 여행 중에도 글을 쓰고 있을까? 가장 큰 이유는 이 책의 원고 마감 기한이 5월 31일까지이기 때문이다. 계약서에 명확하게 적혀 있다. 만약, 마감 기한이 없었으면 나는 그냥 재미있는 영상이나 영화를 봤을 것이다. 사람을 움직이는 가장 큰 힘은 마감이다. 마감 기한은 목표를 단순한 희망 사항에서 행동 가능한 계획으로 바꾸는 결정적인 요소이다.

로드맵을 그리면 방법이 보인다

목표인 '무엇'을 명확히 했다면, 과정인 '어떻게'를 그려야 한다. 이를 로드맵이라 한다. 로드맵은 단순한 계획표가 아니다. 꿈과 목표를 현실로 바꾸는 강력한 도구이다. 로드맵을 그리는 순간, 막연했던 길이 선명하게 보이기 시작한다.

1) 시발 동기 vs 유지 동기

행동에는 두 가지 종류의 동기가 작용한다. 하나는 '시발 동기 initiating motivation'이고, 다른 하나는 '유지 동기 maintaining motivation'다.

시발 동기는 무언가를 시작하게 만드는 처음의 열정과

에너지다. 새해가 시작될 때, 성공한 사람의 이야기를 들었을 때, 불타오르는 그 열정이 바로 시발 동기다.

유지 동기는 초기의 열정이 식은 후에도 계속해서 행동을 이어가게 하는 힘이다. 비가 오는 날 운동하기 싫을 때도 운동복을 입게 하고, 글쓰기가 막힐 때도 펜을 들고 글을 쓰는 힘이 유지 동기다.

시발 동기와 유지 동기의 차이는 다음과 같다.

시발 동기	유지 동기
감정에 기반	시스템에 기반
일시적이고 강렬함	지속적이고 안정적
결과에 초점	과정에 초점
외부 자극에 의존	내적 가치에 의존
쉽게 생기고 쉽게 사라짐	천천히 형성되고 오래 지속됨

성공적인 목표 달성을 위해서는 시발 동기를 유지 동기로 전환하는 것이 필수다. 이 전환을 가능하게 하는 것이 바로 로드맵이다.

2) 역행 로드맵이 실행을 가능하게 만든다.

로드맵Roadmap은 단순한 지도가 아니다. 로드맵은 목표를 향해 나아가기 위한 구체적인 경로와 실행 계획을 시각화한 설계도이다. 로드맵을 통해 목표에 도달하는 단계들을 쪼개어 볼 수 있다. 로드맵은 막연함을 구체화해 주는 도구다. 단순히 "무언가 하고 싶다"는 욕망을 "무엇을, 언제, 어떻게" 해야 하는지로 구체적으로 정리해 준다. 막연했던 목표의 방향이 또렷해진다. 네비게이션이나 지도가 있으면 길을 잃지 않고 목적지까지 편리하게 갈 수 있다. 인생의 목표를 찾아갈 때도 길과 방향을 잃지 않기 위해서는 로드맵이 필요하다.

로드맵의 핵심은 '과정 지향적 시각화'에 있다. 대부분의 사람들은 목표를 생각할 때 결과만 상상한다. "책을 출간했을 때의 뿌듯함", "다이어트에 성공했을 때의 만족감" 등이 그것이다. 물론 결과 시각화도 중요하지만, 그것만으로는 부족하다. 목표에 도달할 때까지 과정을 구체적으로 그려야 한다.

로드맵을 그리기는 방법은 크게 두 가지 방법이 있다. '순행 로드맵Forward Roadmap'과 '역행 로드맵Backward Roadmap' 방법이 있다. 순행 로드맵은 시작점에서부터 목표를 향해 순차적으로 단계를 밟아가는 방식이다. 현재 상황에서 앞으로 나아갈 방향과 단계를 순서대로 그린다. 역행 로드맵은 최종 목표나 꿈을 먼저 설정한 뒤, 그 목표를 달성하기 위해 필요한 단계를 거꾸로 설계하는 방식이다.

순행 로드맵

다이어트를 시작하려고 먼저 마음먹는다. 헬스장으로 가서 3개월 등록한다. 등록 후 3일 동안 열심히 헬스장을 다닌다. 그다음 날은 근육통도 오기 싫어 빠지고 싶다는 생각이 들었다. 마침 친구가 한잔하자는 연락이 왔다. 이 유혹에 바로 헬스장을 빠지고 친구에게 달려갔다. 2, 3차까지 해서 다음날 컨디션은 엉망이 되었다. 내일부터 헬스장에 다시 열심히 다녀야지 마음을 먹었다. 결국, 3달 헬스장 등록했지만 총 10일도 못 가고 끝났다. 역시 '다이어트는 내일부터'라며 다이어트를 또 미뤘다.

역행 로드맵

6월 개월 후 10kg 감량을 목표로 했다. 1달에 약 2kg씩 감량해야 한다는 목표가 나왔다. 다시 나눠 보니 1주일에 0.5kg 감량한다는 목표가 나왔다. 현재 몸무게를 측정하고 1주일 단위로 매번 측정했다. 6개월 동안 헬스장을 다니기로 결정한다. 혼자 운동하면 빠진다는 것을 알고, PT를 주 2회 3개월 등록했다. 매일 해야 할 운동량과 구체적인 식단까지 정했다. 3일 운동하니 근육통이 왔다 빠지고 싶다는 마음이 들었다. 친구가 한잔하자는 연락이 왔다. 하지만, PT 약속이 있어 약속을 다음으로 미루고 PT 수업을 진행했다. 매일 정해진 식단과 운동을 했다. 매주 몸무게를 측정해서 기록했다. 어떤 주는 목표에 미치지 못했고, 어떤 주는 목표를 넘어서기도 했다. 결국, 6개월 동안 목표에 근접한 9kg 감량에 성공했다.

일본의 경영컨설턴트 간다 마사노리는 "99퍼센트의 사람들은 현재를 보면서 미래가 어떻게 될지를 예측하고, 1퍼센트 사람만이 미래를 내다보며 지금 어떻게 행동해야 할지 생각한다. 당연히 후자에 속하는 1퍼센트의 사람만이 성공한다."라고 말했다. 내 목표를 이루고 싶다면 역산해서 현재 구체적인 로드맵을 그린다. 로드맵을 바탕으로 오늘 할 행동을 이어가면 된다.

3) 로드맵 만드는 4단계

구체적인 로드맵을 그리는 핵심은 '과정 지향적 시각화'와 '역산 스케줄링'이다. 로드맵을 만들기 위해서는 4단계로 만들 수 있다.

> 완성된 목표 설정 → 세부 단계 나누기
> → 실행 계획 구체화 → 실행 및 수정

첫 번째, 완성된 목표를 구체적으로 그린다. SMART 기준(Specific, Measurable, Achievable, Relevant, Time-bound)에 따라 구체적인 완성된 목표를 정한다. 목표는 구체적(Specific), 측정 가능(Measurable), 달성 가능(Achievable), 관련성 있음(Relevant), 마감 기한(Time-bound)을 포함한 목표를 설정한다.

예를 들어, '원고 완성'이 아니라 '5월 31일까지 250페이지 책 최종 원고를 마감해서 출판사에 보낸다.'라고 정한다.

두 번째로 최종 목표를 달성하기 위한 과정을 세부 단계로 나눈다. 큰 목표는 종종 막막하게 느껴질 수 있다. 더 작은 단위로 쪼개는 것이 중요하다. 작은 단위로 만들기 위해서는 가장 큰 목표부터 역산으로 나눈다. 예를 들어, 책 원고 완료라는 목표를 달성하기 위한다면 '출판사 제출 → 최종 검토 및 퇴고 → 초고 완료 → 아이디어 수집 및 글쓰기 → 목차 및 구성'과 같이 역산으로 나눈다.

세 번째로 실행 계획 구체화를 한다. '과정 지향적 시각화'를 해야 한다. 각 단계별로 언제, 어디서, 어떤 방식으로 실행할지를 구체화한다. 동시에 역산으로 각 단계별 마감일을 지정해 놓으면 뚜렷해진다. 아래는 구체적인 날짜와 행동을 만들었다. 예를 들어 원고 제출을 아래의 표로 구체화 시켰다.

단계	작업 기간	마감일(기한)
출판사 제출	제출	5월 30일
최종 검토 및 퇴고	매일 30p 검토 (2회)	(15일)
초고 완료	초고 마감일	5월 15일
초고 작성	매일 3p 이상 쓰기	(90일)
책 시작 및 목차 구성	시작일	2월 15일

네 번째, 실행 및 수정이다. 계획은 행동하지 않으면 아무 의미가 없다. 작게라도 바로 실행에 옮겨야 한다. 계획한 행동을 하루하루 실천해야 한다. 실행 방법도 구체적으로 설정하는 것이 좋다. 예를 들어, 앞선 '하루에 3p 글쓰기'라면 '평일 9시~17시까지 사무실에서 3p 이상 적기'로 구체화 시킨다.

현실 속에서는 예상치 못한 변수나 급한 일이 생긴다. 갑작스러운 일정 변경이나 건강, 감정의 변화 등으로 인해 계획대로 되지 않는 날도 생긴다. 그런 날은 스스로를 자책하기보다 유연하게 계획을 수정하고 다시 시작하는 것이 중요하다.

예를 들어, '하루에 3p 글쓰기'를 강연 있는 날은 쓰지 못한다. '강연이 없는 날은 5p, 보통은 3p'로 조정할 수 있다. 로드맵은 정해진 길이 아니라, 변화에 맞춰 끊임없이 조율하는 '살아 있는 지도'이다.

목표를 자주 그리면 이뤄진다

목표가 이길까? 목표를 방해하는 행동이 이길까? 당연히 목표를 방해하는 행동이 대부분 이긴다. 왜냐하면, 목표는 힘들고, 하기 싫고, 재미없기 때문이다. 쉽게 말해, 다이어트가 이길까? 치킨이 이길까? 대부분 치킨이 이긴다. 치킨은 순간적으로 더 큰 자극이 있다. 사람은 망각의 동물이다. 치킨이 앞에 오는 순간 목표를 잊어버리게 된다.

목표를 이룬 사람들의 특징은 목표를 빨리 상기하고 복귀하는 사람이다. "오랫동안 그 꿈이나 목표를 반복해서 그리면 이뤄진다."는 말이 있다. 매번 목표를 보거나, 상기하는 사람이 목표를 이룬다.

1) 자주 보이는 장소에 붙인다.

2008년, 내 목표는 독서였다. 당시의 나는 게임중독에서 벗어나지 못한 상태였다. 방에 들어가 책상 앞에 앉으면, 자연스럽게 손이 컴퓨터로 향했다. 그런데 그런 내 모습 옆에는 크게 써 붙여 놓은 종이가 있었다. 거기엔 이렇게 적혀 있었다.

"나는 대구 최고의 MC가 된다."
그리고 그 아래에는 이렇게 덧붙여 놓았다.
"1년에 100권 읽기!"

목표는 멋졌지만, 현실은 전혀 그렇지 못했다. 매일 마주하는 선택은 언제나 '책 vs 게임'이었다. 그 당시 승자는 늘 게임이었다. 게임은 더 자극적이고, 즉각적으로 즐거움을 줬으며, 훨씬 쉬웠기 때문이다. 하지만 벽에 붙은 그 글씨는 생각보다 강력했다. 게임 화면을 보면서도 자꾸만 눈길이 목표 쪽으로 갔다. 마치 그 벽이 살아 있는 것처럼, 나에게 속삭이듯 말을 걸었다.

"너 책 읽어야지."
"너 최고의 MC 된다며?"

이런 속삭임이 반복되자, 아주 서서히 변화가 시작되었다.

하루 3시간 넘게 하던 게임이 2시간으로, 어느새 1시간으로 줄어들었다. 줄어든 게임 시간만큼 책을 읽게 되었다. 목표가 점점 나를 이끌어가기 시작한 것이다. 어느 날은 한 권을 읽은 날도 있었다. 시간이 흐르자 놀랍게도 1년에 책을 100권 넘게 읽게 되었다.

그때 깨달았다. 목표는 단순히 종이에 적어 놓는 게 아니었다. 벽에 붙여 자꾸만 눈길을 주고 말을 걸 수 있어야 더 강렬한 목표가 된다. 지금 목표가 눈앞에 없으면, 당장 적어서 가장 잘 보이는 곳에 붙여 보자. 내가 잠시 잊고 있을 때, 목표가 나를 찾아와 말을 걸어 준다. 그 변화는 작고 사소한 종이 한 장을 붙이면 시작된다.

2) 다이어리 첫 페이지에 적는다.

2008년부터 다이어리를 쓰기 시작했다. 멘토님은 다이어리 첫 페이지에 목표를 적고 매일 그것을 보며 하루를 채운다고 알려주셨다. 나도 첫 페이지에 목표를 적기 시작했다. 단순히 글을 쓰는 것을 넘어, 이는 삶의 방향을 설정하는 과정이었다.

다이어리의 첫 장은 내 인생의 내비게이션과 같았다. 다이어리 첫 장의 큰 목표를 바탕으로 매달, 매주, 매일을 그려가기 시작했다. 내 행동의 방향은 흔들리더라도 계속 목표를 향했다.

다이어리는 일정 관리용으로 늘 내 손에 쥐어져 있었다. 회의 시간, 약속 장소, 중요 행사, 때론 작은 할 일까지 모두 기록되었다. 다이어리를 펼칠 때마다 항상 눈에 들어오는 것은 첫 페이지였다. 다이어리를 쓰기 전에 습관처럼 첫 페이지를 다시 읽었다. 이 습관은 무의식적으로 목표에 대한 집중력을 높이는 효과가 있었다. 하루에도 여러 번 목표를 다시 보게 되니, 자연스럽게 내가 원하는 것들이 내 머릿속에 깊이 새겨졌다.

이 첫 페이지를 통해 목표를 반복적으로 확인한 덕분인지, 작은 성과들이 나타나기 시작했다. 목표를 적고 그것을 지속적으로 상기시키는 이 단순한 습관 덕분에 2008년부터 2019년까지 목표의 약 70%를 달성할 수 있었다. 때로는 목표가 너무 크거나 불가능해 보였지만, 다이어리 첫 페이지를 꾸준히 보며 목표를 작은 단계로 나누어 하나씩 실천했고, 그 결과 작은 성공이 이어졌다.

사람은 쉽게 잊는다. 분명한 목표도 바쁜 일상 속에서 쉽게 잊히기 마련이다. 하지만 목표를 눈앞에 두고 자주 반복적으로 접하게 되면, 뇌는 그 목표를 이루어야 할 것으로 자연스럽게 인식하게 된다. 하루 계획을 세울 때 우선순위가 분명해지고, 쓸데없는 일에 에너지를 낭비하지 않게 된다.

3) 비밀번호로 설정하기

김승호 회장의 책 『생각의 비밀』에는 목표 달성을 위한 또 다른 방법이 소개되어 있다. 그것은 바로 '패스워드 설정법'이었다. 그는 이루고 싶은 목표를 매일 반복해서 떠올리기 위해 그것을 로그인 패스워드로 설정했다. 자신의 목표였던 '매장 300개'를 비밀번호로 설정하고, 컴퓨터, 이메일, 스마트폰 등에 로그인할 때마다 그 숫자를 수없이 입력했다. 매일같이 목표를 입력하며 무의식적으로 그 목표를 자신에게 각인시킨 것이다. 마침내 3~4년 뒤, 실제로 300개 매장을 돌파하는 놀라운 결과를 얻었다.

나도 이 방법을 적용했다. 당시 나는 대구와 경북 지역을 중심으로 강의를 하고 있었다. 하지만, 내 안에는 항상 더 큰 무대로 나아가고 싶다는 간절한 소망이 있었다. 내 목표인 '전국구 강사'를 비밀번호로 정했다. 그날 이후, 매일 수십 번씩 로그인할 때마다 나의 손끝에서 '전국구 강사'라는 목표가 반복됐다. 그때마다 내 마음속에서는 '어떻게 하면 전국에 이름을 알릴 수 있을까?'와 같은 질문들이 떠올랐다. 이 질문은 내 머릿속에서 끝없이 메아리치며 내 행동을 변화시키기 시작했다.

가장 먼저 떠오른 아이디어는 블로그였다. 처음에는 강의 후 일상적인 기록만 남겼지만, 그 후 체계적이고 생생한 후기를 작성하기 시작했다. 강의를 듣고 사람들이 어떤 반응을 보였는지, 내 강의가 사람들의 마음을 어떻게 움직였는지 꼼꼼히 정리해 올리기 시작했다. 그럴수록 내 강의에 관심을 보이는 사람들이 점점 늘어났다. 블로그를 통해 강의 섭외 요청도 증가했다.

두 번째 아이디어로 유튜브를 선택했다. 내 강의 현장을 영상으로 담아 업로드하면 더 많은 사람이 나를 알게 될 것이라는 생각이 들었다. 전국을 누비며 강의를 다닐 때마다 현장을 촬영했다. 처음에는 영상 편집이 서툴러 긴 시간이 걸렸지만, 꾸준히 업로드를 지속했다.

결과는 기대 이상이었다. 블로그와 유튜브 영상을 본 전국 각지의 사람들이 연락을 해왔다. 이메일과 전화로 전국 각지에서 강의 초청이 밀려들기 시작한 것이다.

이제 나는 새로운 패스워드를 설정했다. 이번에는 "베스트셀러"를 나만의 비밀번호로 정했다. 매일 로그인할 때마다 내 손끝에서 반복된다.

4) 스마트폰 화면에 설정하기

2019년, 내 목표에 큰 변화가 있었다. 습관처럼 들고 다니던 종이 다이어리를 과감히 내려놓고, 스마트폰으로 스케줄을 관리하기 시작했다. 처음에는 종이 다이어리보다 훨씬 간편하고 효율적인 듯 보였다. 일정을 쉽게 추가하고 삭제할 수 있어서, 종이 다이어리의 무게를 덜어내고 가벼운 디지털 도구로 전환했다.

하지만 편리함에는 함정이 있었다. 스마트폰은 단지 일정 관리만을 위한 도구가 아니었기 때문이다. 전화와 문자, SNS, 각종 애플리케이션, 그리고 끝없이 쏟아지는 정보가 내 목표를 방해했다. 나는 그 유혹을 쉽게 이기지 못했다. 잠깐의 휴식이라 생각하고 뉴스 기사를 클릭했다가 30분이 지나고, SNS 피드를 내리다가 한 시간이 훌쩍 지나갔다. 효율성을 추구했지만, 산만함과 집중력 저하라는 부작용이 따랐다.

그래서 스마트폰이 방해가 아닌 목표 달성의 도구가 될 방법을 찾았다. 스마트폰 배경 화면에 내 목표를 적어두었고, 하루에도 50번 이상 스마트폰을 볼 때마다 목표를 상기했다. 화면을 열 때마다 마주치는 목표는 단순한 글귀 이상의 의미를 가졌다. 딴짓을 하려고 해도 목표를 보면 자연스럽게 다시 행동으로 이어졌다. 내 의지가 약해질 때마다 나를 붙잡아주는 역할을 했다. 스마트폰 배경 화면 덕분에 나의 산만함을 제어하고, 목표 의식을 강화할 수 있었다.

이제 나는 매년 스마트폰 배경 화면을 통해 나와의 약속을 새롭게 한다. 추가로 컴퓨터 배경 화면도 함께 만들었다. 스마트폰과 컴퓨터 배경 화면 속 목표가 오늘도 나를 목표로 밀어주고 있다.

목표를 이룬 사람들이 자주 하는 **10가지 말**

목표를 이루는 사람들은 그렇지 못한 사람들과 다른 생각과 태도를 가지고 있다. 이러한 차이는 그들이 자주 사용하는 말에서 드러난다. 그들의 말은 단순한 문장이 아니라, 그들의 태도와 철학을 담고 있다. 그들은 행동을 이끌어내는 말을 한다. 그 말이 태도를 바꾸고, 태도가 습관을 만들며, 습관이 결국 결과를 만들어낸다. 행동을 이끌어내는 말은 성공으로 이끄는 강력한 원동력이 된다.

1) "대가를 치른다."

목표 달성에는 반드시 희생이 따른다. 시간, 편안함, 즉각적인 즐거움 대신 노력이라는 대가를 치러야 한다. '무엇을 얻을 것인가'도 중요한 질문이지만, '무엇을 포기할 것인가?'라는 질문도 함께해야 한다.

대가를 치르면 단기적으로는 고통스럽다. 하지만 그 대가는 더 큰 보상으로 돌아온다. 예를 들어, 다이어트를 목표로 한 사람은 좋아하는 음식을 참고, 나태한 일상을 버려야 한다. 대신 식단을 조절하고, 매일 운동하는 행동을 선택한다. 단기적으로 힘들지만, 이 대가를 치르면 더 건강한 몸과 체력을 얻을 수 있다.

손흥민 선수는 이렇게 말했다. "어제 값을 치른 대가를 오늘 받고, 내일 받을 대가를 위해 오늘 먼저 값을 치릅니다. 후불은 없죠."

2) "지금 해라."

세일즈맨의 원조로 불리는 윌리엄 클레멘트 스톤William Clement Stone은 'Do it now!'를 매번 외쳤다. 그는 세 살 때 아버지를 여의고, 여섯 살 무렵부터 시카고 거리에서 신문을 팔기 시작했다. 16세 무렵, 그는 어머니와 함께 디트로이트에 작은 보험 회사를 차렸다. 20대에 전국적인 판매망을 구축하며 회사를 성장시켰고, 결국 10억 달러 규모의 대기업을 일구며 미국 50대 부자에 이름을 올렸다.

스톤의 성공 비결 중 하나는 실행력이다. 그는 매일 아침 회사에서 직원들과 함께 'Do it now(지금 해라!)'를 50번씩 외쳤다. 스톤은 말한다.

"아침마다 'Do it now'를 50번 말하십시오. 하루를 마치고 잠자리에 들기 전에도 마지막으로 'Do it now'를 50번 말하십시오."

어떤 일을 미루고 싶다면 이렇게 말하자! "Do it now, Do it now, Do it now" 그리고 지금 바로 시작해 버린다.

3) "반복이 천재를 만든다."

사사키 쓰네오가 쓴 책 〈마흔 살 습관 수업〉에 나오는 글귀가 있다. "30대까지는 재능으로 버틸 수 있다. 하지만 40대부터는 좋은 습관을 가진 사람이 이긴다." 재능이 뛰어난 사람을 이기기 쉽지 않다. 하지만, 시간이 지났을 때는 재능보다 노력이 더 큰 성장을 불러온다. 수학적으로 보면 아래와 같다.

$$(1.000)^{365} = 1$$
$$(1.001)^{365} = 1.44$$
$$(1.440)^{365} = 38.34$$

매일 그대로를 반복하면 아무런 변화가 없다. 하루 0.1%씩 반복하면 일 년 뒤에는 44%가 바뀐다. 0.1%는 정말 작은 행동이다. 이 작은 성장을 10년 동안 계속하게 되면 무려 3,834% 성장하게 된다.

나는 하루에 1개씩 블로그에 글을 적었다. 어쩌면 그 작은 행동이 나에게는 0.1%였다. 이 글이 10년 모여서 12권 책을 쓴 작가가 되었고, 그 덕분에 꿈이었던 전국구 강사가 되었다. 하늘에서 준 재능도 중요하지만, 계속하는 노력이 더 큰 힘을 발휘한다는 것도 알았다.

"진정한 천재는 천재(天才)가 아니라 천재(千才)이다. 반복이 진정한 천재를 만든다."

4) "시간 내서 한다."

많은 사람들이 "시간이 없어서 못 했어요" 또는 "시간 나면 해볼게요"라고 말한다. 얼핏 들으면 바쁜 일상 속에서 여유가 생기면 하겠다는 긍정적인 의도로 들릴 수 있다. 하지만 이 말 속에는 무의식적인 책임 회피와 실행 미루기의 심리가 숨어 있다.

'시간 나면'이라는 표현은 시간이 우연히 생기기를 기다리는 태도다. 그러나 현실에서 '시간이 나는' 순간은 좀처럼 오지 않는다. 일상은 항상 바쁘고, 재미있는 콘텐츠나 유혹들이 많다. 시간을 만들어도 예상치 못한 일들이 생기기 마련이라 대부분 그 일을 실행하지 못하게 된다.

목표를 이루는 사람들은 "시간을 내서 한다"라고 말한다. 그들은 그런 환경 속에서도 일정의 우선순위를 조정하고, 일부러 그 일을 위한 시간을 만든다. 이 말은 '바빠도 이건 하겠다는 의지'를 나타내며, 시간의 주도권을 쥔 표현이다.

5) "내 책임이다."

목표를 이룬 사람들의 말 속에는 공통된 특징이 있다. 그중 하나는 "내 책임이다"라는 말이다. 이 문장은 성공한 사람들의 마인드와 태도를 잘 보여주는 핵심 키워드다. 왜냐하면, 이 말은 단지 실수를 인정하는 데 그치지 않고, 삶 전체를 주도적으로 살아가겠다는 선언이기 때문이다.

반대로 목표를 이루지 못하는 사람들은 "환경이 안 좋아서요", "운이 나빴어요" 등의 말을 자주 하는데, 이는 외부 요인에 책임을 돌리는 것이다. 물론 상황과 조건이 영향을 미칠 수는 있다. 하지만 중요한 건, 그런 상황에서도 주도권을 쥐고 자기 몫을 해내는 태도다. 그 차이가 결국 결과를 바꾸게 된다.

"내 책임이다"라고 말하는 사람은 어떤 일이 잘못되었을 때 남을 탓하기보다, 무엇을 내가 다르게 할 수 있었는지를 먼저 돌아본다. 이 태도는 자신을 냉정하게 바라보게 하고,

다음에는 어떻게 더 나아질 수 있을지를 고민하게 만든다.

6) "배우자!"

목표를 이룬 사람들의 말과 행동을 유심히 살펴보면, 공통적으로 자주 사용하는 말이 하나 있다. 바로 "배우자"라는 말이다. 이 짧은 말 안에는 그들의 겸손함, 성장 욕구, 끊임없는 실행력이 모두 담겨 있다. 배우겠다는 태도는 단순히 지식을 얻는 것을 넘어, 자기 자신을 계속 확장하려는 삶의 자세를 의미한다.

반면 목표를 이루지 못한 사람들은 종종 "그건 나랑 안 맞아", "그건 이미 다 알아요"처럼 배우기를 거부하는 말을 한다. 이들은 성장이 멈추고, 현재 상태에 안주하게 된다.

자신의 뜻대로 일이 풀리지 않았을 때, 이들은 자책보다는 '왜 안 됐지?' 대신 '여기서 무엇을 배울 수 있을까?'라는 질문을 던진다. 이 사람들은 어떤 상황에서도 배움의 시야를 잃지 않기에, 실패에서도 배운다. 성공한 사람들은 자신의 원동력으로 "끊임없는 배움"을 꼽는다.

7) "한 번 더"

성공한 사람들의 언어에서 또 다른 공통된 말은 바로 "한 번 더"라는 말이다. 이 짧고 단순한 말 속에는 끈기, 인내, 도전, 성장, 그리고 결국 목표를 이루는 힘이 담겨 있다.

대부분 힘들면 멈추고, 어렵다고 느끼면 포기한다. "이 정도면 됐지", "여기까지만 하자"라고 자신에게 말하며 물러선다. 하지만 성장하는 사람들은 거기서 한 번 더 나아간다. 지쳤을 때, 안 될 것 같을 때, 마음이 흔들릴 때도 "한 번 더"를 외치며 자신을 밀어붙인다. 그 한 걸음이 바로 남들과의 차이를 만드는 결정적인 요소다.

"한 번 더"라는 말은 단순히 반복을 의미하지 않는다. 그 말은 포기의 순간을 이겨내는 의지이자, 어제의 나를 넘어서는 성장의 선택이다. 헬스장에서 마지막 한 세트를 더 할 때, 공부할 때 한 문제를 더 풀 때, 영업에서 한 사람에게 더 전화할 때, 글을 쓰다가 문장을 한 줄 더 고칠 때. 이 모든 순간의 "한 번 더"가 쌓여 결국 큰 차이를 만든다.

8) "그냥 한다."

김연아 선수가 훈련하고 있을 때, 인터뷰한 영상이 화제가 된 적이 있다.

"김연아 선수는 훈련할 때 무슨 생각 하세요?"
"무슨 생각을 해! 그냥 하는 거지!"

목표를 이루는 사람과 그렇지 못한 사람의 차이는 거창한 능력이나 특별한 조건에서 오는 것이 아니다. 그 차이는 아주 단순한 태도, 소박한 말 한마디에서 비롯된다. 그 말이 바로 "그냥 한다"이다. 이 짧고 무심한 듯한 말 속에는 실제로 놀라운 실행력과 행동력이 담겨 있다.

많은 사람들은 어떤 일을 시작하기 전에 너무 많은 생각을 한다. "지금 해도 될까?", "지금 하면 효과가 있을까?", "이게 맞는 걸까?", "실패하면 어떻게 하지?" 이런 생각들은 머릿속을 복잡하게 만든다. 결국, 이런 생각들로 행동은 시작되지 못한 채 머물러 버린다. 생각이 많은 사람은 늘 제자리에서 머무른다.

목표를 이룬 사람들은 복잡한 생각이나 감정을 기다리지 않는다. 일단 그냥 한다. 자신이 목표한 일이 피곤하고 귀찮아도, 하기 싫어도 핑계를 대지 않고 그냥 행동한다. 목표가 있다면, 하고 싶다면, 해야 한다면, 복잡하게 따지지 않고 그냥 해버린다. 이 단순함이 오히려 강력하다. 그냥 하다 보면 더 좋은 행동을 유도하고, 행동이 쌓이면 결국 좋은 성과로 이어진다.

9) "운이 좋다!"

일본에는 경영의 신이라고 불리는 마쓰시타 고노스케(まつしたこうのすけ)라는 사람이 있다. 그는 자신만의 경영을 통해 내셔널, 파나소닉, 테크닉스, 빅스 등 브랜드를 만들었다. 그는

마쓰시타 전기를 연간 매출 5조엔 이상, 국내외 관련 회사 570개사, 직원 19만 명을 거느린 세계적인 기업으로 성장시켰다. 고노스케는 늘 자신은 3가지 큰 행운 덕분에 성공했다고 말했다.

첫째, 가난한 것
둘째, 허약한 것
셋째, 못 배운 것

많은 사람들이 "이게 무슨 행운인가?"라고 묻자, 그는 이렇게 말했다.
"가난은 부지런함을, 허약함은 건강의 중요성을, 배우지 못함은 배움의 절실함을 일깨워줬다."
목표를 이루었거나 성공한 사람들이 자주 하는 말 중 하나는 "운이 좋다"는 말이다. 겸손의 표현처럼 보일 수 있지만, 이 말 속에는 긍정적인 시선과 감사의 태도, 그리고 기회를 알아보고 그 운을 잡을 수 있었던 이유가 담겨 있다. "운이 좋다"는 말은 현재의 상황을 긍정적으로 바라보는 시선에서 나온다. 이 시선이 결국 더 많은 기회를 불러오고, 긍정적인 행동으로 이어진다.

10) "위기는 기회다!"

많은 사람이 위기를 '피해야 할 일' 혹은 '망했다는 신호'로 해석한다. 예상치 못한 사건, 갑작스러운 실패, 경제적 문제, 인간관계의 단절 등 다양한 위기 앞에서 많은 사람이 멈추고, 주저앉는다. 반면 목표를 이룬 사람은 위기 상황 속에서도 이렇게 말한다.

"이건 기회야. 이 위기 안에 뭔가가 있다."

이 말 자체가 생각을 바꾸는 시작점이 된다. "끝났다"라고 생각하면 진짜 아무것도 안 하게 되고, "기회다"라고 생각하면 행동이 달라진다. 같은 상황이라도 어떤 시선으로 보느냐에 따라 결과는 완전히 달라진다.

예를 들어, 회사에서 해고당한 사람 중 어떤 이는 "내 인생 망했다"라고 생각하고 몇 년을 허비한다. 반면 또 다른 사람은 "해고 덕분에 이제 진짜 하고 싶은 걸 해볼 수 있는 기회야"라고 말하며 창업을 하거나 새로운 분야에 도전한다. 이 둘은 같은 일을 겪었지만, 완전히 다른 해석을 했다. '위기는 기회다'라는 해석을 가진 사람은 인생의 방향을 자신이 조정한다.

하나의 목표에 집중하기!

2007년, 나는 새해에 이루고 싶은 것들이 많았다.

1) 책 100권 읽기
2) 다이어트
3) 기타 치기
4) 블로그 1일 1포스팅
5) 책 1권 출판하기

 2007년이 끝날 무렵, 나는 이 목표들 중 단 하나도 이루지 못했다. 책은 몇 권 읽다가 멈췄고, 다이어트는 몇 번 시도하다가 포기했으며, 기타는 먼지만 쌓여갔고, 블로그는 몇 번 글을 올리다 말았으며, 책 출판은 꿈만 꾸다 끝났다. 왜 실패했을까? 이유는 간단했다. 너무 많은 일을 동시에 시도했기 때문이다.

심리학자 로이 바우마이스터Roy Baumeister는 인간의 의지력이 유한한 자원이라 했다. 의지력은 하루 동안 사용할 수 있는 에너지와 비슷하며, 한 번에 여러 가지 일을 시도하면 이 에너지가 빠르게 고갈된다는 것이다. 2007년 내가 다섯 가지 목표를 동시에 추구했을 때, 각각의 목표는 내 의지력을 나눠가졌다. 책을 읽으려면 독서에 집중해야 하고, 다이어트를 위해서는 식단과 운동을 관리해야 했다. 그러나 하루에 사용할 수 있는 의지력은 한정되어 있었다. 결국 모든 목표에서 의지력이 분산되고 행동하지 않았다. 그렇게 모든 목표에 실패하며 좌절감만 커졌다.

이를 알고 많은 목표가 아닌 핵심 목표를 정했다. 그 핵심 목표를 완료한 뒤 다른 목표로 이어 나갔다.

2008년 : 독서 습관의 시작

2007년의 실패를 반성하며, 나는 2008년에는 단 하나의 목표에만 집중하기로 했다. 첫 번째 목표는 '책 100권 읽기'였다. 이번에는 다른 목표를 모두 배제하고, 독서에만 전념했다.

매일 하루에 1시간을 독서 목표를 이루기 위한 시간으로 정했다. 주말에는 더 긴 시간을 투자했다. 포기하고 싶을 때는 집이 아닌 도서관이나 서점 등 책이 많은 공간으로 이동했다.

2008년 말, 나는 목표를 달성했다. 104권의 책을 읽었다. 이제 독서는 큰 의지력이 필요한 일이 아니라 일상 속 자연스러운 습관이 되었다. 이 경험은 나에게 할 수 있다는 큰 성취감을 주었다. 작지만 천천히 체계적으로 하다 보니 이룰 수 있었다.

2009년 : 책 쓰기 습관의 형성

독서 습관을 체화한 후, 2009년에는 '책 한 권 출판하기'를 핵심 목표로 설정했다. 이번에도 다른 목표는 배제하고, 책 쓰기에만 집중했다. 매일 1페이지 쓰는 것을 목표로 했다. 어떤 날은 많은 글이 나왔고, 어떤 날은 짧은 글을 쓰기도 했다. 처음에는 글이 잘 써지지 않았다. 하지만, 독서 습관이 이미 형성되어 있었기 때문에 독서를 한 내용을 바탕으로 내 생각을 써 내려갔다.

2009년 말, 나는 첫 책을 출판했다. 이 과정에서 나는 글쓰기가 단순히 목표가 아니라 삶의 일부가 될 수 있음을 깨달았다. 하루에 한 페이지가 모이면 한 권이 된다는 것을 깨달았다. 매일 글을 쓰면 매년 책을 쓸 수 있다는 것을 알게 되었다. 이 습관 덕분에 나는 12권의 책을 쓴 작가가 되었다.

2010년: 블로그 1일 1포스팅

2010년, 나는 '블로그 1일 1포스팅'을 핵심 목표로 설정했다. 이미 독서와 글쓰기 습관이 자리잡은 상태였기 때문에, 블로그 글쓰기는 자연스럽게 확장된 목표였다. 매일 쓴 글을 블로그에 게시했다. 블로그에는 단순한 글부터 책에 쓰는 글, 마케팅을 위한 글까지 다양한 글을 썼다. 블로그 운영 방법에 관한 글도 작성했고, 이를 모아 2011년에 책을 출판할 수 있었다.

책 출판과 블로그를 통해 많은 강의 기회를 얻기 시작했다. 당시 꿈이었던 전국구 강사가 되는 데 큰 도움이 되었다. 2025년 현재, 나는 블로그에 4,600개 이상의 글을 게시했다.

2024년: 다이어트와 건강 습관

2024년, 나는 매번 실패했던 다이어트에 집중했다. 여러 번 실패한 경험으로 다이어트에 자신이 없었다. 역시나 상반기에는 바쁜 일정과 여행으로 계속 실패하고 말았다. 하지만 7개월이 남은 시점에서 나는 모든 것을 제쳐두고 다이어트에 온 힘을 실었다.

기존에 하던 독서는 다이어트와 관련된 책을 읽었고, 이동할 때는 다이어트 관련 강의를 들었다. 간헐적 단식을 실천하려고 했고, 피해야 할 음식을 정해서 최대한 식단 관리를 실행했다. 덕분에 매달 평균 2kg씩 감량할 수 있었고, 6개월 동안 14kg을 감량했다. 결국 목표 체중보다 더 낮은 몸무게에 도달했다. 이제 운동은 자연스러워졌다. 다이어트는 더 이상 의지력이 필요한 일이 아니라, 일상 속 자연스러운 습관이 되었다.

많은 사람이 한꺼번에 너무 많은 목표를 세우고 결국 아무것도 이루지 못하는 실수를 한다. <원씽>이라는 책에 있는 구절이다. "Everything stop, do one thing" 지금부터 마음먹은 것이 있다면 딱 하나만 정해 보자. 만약 한꺼번에 모든 것을 시도했다면, 지금의 나는 없었을 것이다. 지금부터 단 하나의 목표만 정해보자. 그 목표에 모든 집중력을 쏟아 보자. 그러면 1년 후, 목표는 달성될 것이다.

Part 4.
이제 아가리 닫고 움직일 차례
: 행동

계속하기 위해서는 함께하라
: Fly with Eagles

혼자 할 때는 쉽게 포기하게 된다. 시작은 의욕이 넘치지만, 시간이 지나면 힘이 빠진다. 혼자서 무언가를 꾸준히 해 나가는 것은 끊임없이 자신과 싸워야 하는 고독한 여정이다. 처음에는 의욕으로 시작하지만, 시간이 지나면서 스스로와의 싸움에서 지치고, 외로움이 찾아온다. 그렇게 결국 포기하게 된다.

1) 혼자일 때 더 약해진다.

1월 1일, 특별한 결심으로 새해를 시작한 김민수 씨의 이야기다. 올해 마흔인 김민수 씨는 건강에 적신호가 켜졌다는 의사의 경고를 받았다. 그래서 민수 씨는 "매일 30분씩 걷기 운동을 하겠다"라고 결심했다. 그는 최신 스마트워치와 운동복을 새로 장만했다. 운동 계획표까지 꼼꼼하고 완벽하게 만들었다.

첫 3일은 완벽했다. 매일 30분씩 걷기 운동을 했다. 스마트워치로 걸음 수를 확인하며 성취감을 느꼈다. 7일 동안 모두 성공했다. 두 번째 주는 고비가 있었지만, 그래도 목표를 이어갔다.

하지만 세 번째 주가 되자 변화가 생겼다. 월요일, '오늘은 조금 피곤하니까 내일부터 다시 시작해야지'라는 생각이 들었다. 화요일, '비도 오고 추운데 오늘은 쉬자.', 수요일, '이틀 빠졌고 이번 주는 많이 바쁘니까 다음 주부터 다시 시작하자'라고 미뤘다. 다음 주는 '어차피 망했는데 다음에 시도하자!'라며 여기서 멈췄다.

대부분이 경험해본 익숙한 패턴이다. 처음에는 넘치는 의욕과 열정으로 시작한다. 하지만 시간이 지날수록 그 열정은 식어가고 결국 포기하게 된다. 혼자 세운 목표는 시간이 지날수록 쉽게 합리화하고, 쉽게 미루게 된다. 혼자 할 때 가장 큰 문제는 '자기합리화'다. 조금만 힘들어도 "오늘 하루 정도는 괜찮아"라고 스스로에게 관대해진다. 그렇게 하루 이틀 미루다 보면 결국 하지 않는 것이 익숙해지고 만다. 혼자만의 계획은 '말뿐인 계획'이 되기 쉽다.

심리학자 로이 바우마이스터Roy Baumeister의 자아 고갈 이론 Ego Depletion이 있다. 이 이론은 사람의 자기 통제력이 한정된 자원으로, 사용하거나 시간이 지나면 줄어든다고 설명한다. 자기 통제력은 에너지가 충전되기도 하지만, 고갈되는 속도가 더 빠르다. 혼자서 계속 결정을 내리고 스스로를 다잡다 보면 자기 통제력이 고갈된다. 혼자일수록 선택의 피로가 쌓이고, 미루는 일이 반복되면 포기할 확률이 높아진다.

함께하면 상황은 달라진다. 주변에 누군가 나와 같은 목표를 갖고 함께할 때는 약속한 것을 지키려는 책임감이 생긴다. 함께할 때는 상대적으로 자기 통제력 소모가 적다. 혼자라면 많은 생각이 들지만, 함께하는 사람이 있으면 더 쉽게 실행한다. '저 사람도 하는데 나도 해야지'라는 생각으로 행동하게 된다. 혼자 있으면 유혹의 생각만 많아지지만, 함께 있으면 생각보다 먼저 행동하게 된다.

사회적 촉진 Social Facilitation 이론이 있다. 다른 사람들이 지켜보고 있다는 사실만으로도 수행 능력이 향상된다는 이론이다. 노먼 트리플렛 Norman Triplett은 자전거 선수들이 혼자 경주할 때보다 다른 선수들과 함께 경주할 때 더 빠르게 달린다는 사실을 발견했다.

함께하면 3가지 힘이 생긴다. 첫째, 지속성이 생긴다. 혼자였다면 쉽게 포기했을 순간에도 함께하면 계속 갈 수 있다. 둘째, 에너지가 상승한다. 서로 격려하고 힘을 주고받으면서 내면의 에너지가 계속해서 충전된다. 셋째, 생각이 확장된다. 다양한 관점과 아이디어가 공유되면서 혼자서는 보지 못했던 길을 볼 수 있게 된다.

혼자 갈 때는 빨리 갈 수 있을지 몰라도, 멀리 가기 위해선 함께 가야 한다.

2) Fly with eagles

"닭장 속의 독수리" 이야기를 들어본 적이 있을 것이다. 독수리 한 마리가 닭장 안에서 닭들과 함께 자랐다. 독수리는 날개를 가지고 있음에도 평생 날지 못한다. 왜냐하면 주변에 닭들만 있기 때문에, 자신이 날 수 있다는 사실을 알지 못하기 때문이다. 이처럼, 아무리 뛰어난 재능과 가능성을 가졌어도, 주변 사람이나 환경이 내 한계를 만든다.

세계적인 동기부여 강사 짐 론Jim Rohn은 "당신이 가장 자주 어울리는 다섯 사람의 평균이 바로 당신이다."라고 말했다. 내 인생에 가장 큰 영향력을 미친 것은 바로 주위 사람들이다. 행동, 사고방식, 습관, 심지어 성공의 수준까지도 많은 시간을 함께 보내는 사람들에게 크게 영향을 받는다. 계속 미루는 사람들과 어울리면 미루는 습관이 생기고, 목표를 향해 적극적으로 행동하는 사람들과 함께하면 자연스럽게 그 에너지에 동화되어 행동을 계속하게 된다.

하버드 대학교의 매튜 리버먼Matthew Lieberman은 『소셜 브레인Social Brain』에서 뇌는 기본적으로 사회적 연결을 추구하도록 설계되어 있다고 설명했다. 뇌는 혼자 있을 때보다 다른 사람들과 함께 있을 때 더 활성화된다. 즉, 함께 있을 때 더 많은 동기부여를 받는다는 것이다.

특히, 존경하거나 동경하는 사람들과 함께할 때 이 효과는 더욱 강해진다. 만약 뛰어난 운동선수와 함께 운동한다면, 자신도 모르게 더 열심히 운동하게 된다. 창의적인 사람들과 함께 프로젝트를 진행한다면, 내 창의성도 자연스럽게 향상된다.

원하는 목표가 있다면 주위 사람들을 찾는 것도 좋은 방법이다. 나보다 더 뛰어난 사람, 나보다 더 나은 습관을 가진 사람과 함께 있을 때 무의식적으로 그들의 기준에 맞추게 된다. 이런 환경은 자연스럽고, 빠르게 행동하고, 성장시키는 힘을 준다. 운동을 하고 싶다면 운동을 좋아하는 사람들과 함께 시간을 보내면 된다. 책을 읽고 싶다면 독서를 꾸준히 하는 사람들과 만나자. 목표를 이루고 싶다면 목표를 향해 끊임없이 행동하고 노력하는 사람들과 함께하면 된다.

혼자일 때보다 함께할 때 훨씬 큰 용기를 낼 수 있다. 두렵거나 어려운 목표 앞에서도 나와 함께하는 사람들의 존재는 용기를 준다. '혼자가 아니다'라는 안정감이 행동력을 높이고, 실패를 두려워하지 않고 도전할 수 있게 만든다. 미국 네이비실이 혹독한 훈련을 견딜 수 있는 이유는, 옆에서 함께 고통을 겪는 동료들 덕분이라고 한다. 사람은 혼자 고통을 견디기는 힘들지만, 함께라면 불가능한 상황에서도 힘을 얻고 버텨낼 수 있다.

지금 나를 둘러싼 사람들을 돌아보자. 그 사람들은 내가 날개를 펼치도록 돕고 있는가? 아니면 날 수 없는 땅에 묶어 두고 있는가? 행동을 계속하고 성장하고 싶다면, 주위 사람부터 찾아보자. 독수리처럼 날고 싶다면 독수리와 함께 날아야 한다.

3) 함께하는 구체적인 방법

목표를 달성하기 위해 다른 사람들과 함께하는 것은 동기부여와 지속성을 강화하는 데 매우 효과적이다. 혼자서 목표를 이루는 과정에서는 지치거나 포기하고 싶은 순간이 올 수 있지만, 누군가와 함께라면 그 길이 훨씬 수월해진다. 이제 목표를 이루기 위해 다른 사람들과 함께할 수 있는 구체적인 방법을 살펴보자.

첫째, 오프라인 모임에 참여한다. 목표와 관련된 오프라인 모임에 참여하면 직접적인 소통과 관계 형성을 통해 동기부여를 받을 수 있다. 예를 들어, 운동을 목표로 한다면 헬스장에 등록하거나 지역에서 운영하는 스포츠 클럽, 러닝 모임 등에 가입할 수 있다. 학습을 목표로 한다면 독서 클럽이나 스터디 그룹에 참여하여 지식을 공유하고 배움을 이어갈 수 있다.

둘째, 온라인 커뮤니티를 활용한다. 오프라인 모임이 어렵다면 온라인 커뮤니티를 활용하는 것도 좋은 방법이다. 소셜 미디어 플랫폼에서 목표와 관련된 그룹을 찾아 가입하거나, 인스타그램, 카페 등 비슷한 관심사를 가진 사람들과 연결될 수 있다. 모임 전문 플랫폼을 활용하면 비슷한 목표를 가진 사람들과 교류할 수 있다. 온라인은 공간의 제약이 없기 때문에 다양한 사람들과 아이디어를 나눌 수 있다는 장점이 있다.

셋째, 단순히 모임에 참석하는 것 외에도 그룹 챌린지에 참여하는 것도 효과적이다. 예를 들어, 100일 운동 챌린지와 같은 SNS 챌린지를 활용할 수 있다. 이런 챌린지에서는 매일 운동을 하고 이를 다른 참여자들과 공유한다. 챌린지는 함께 목표를 이루는 데 동기부여를 받는다. 챌린지에서는 각자의 방법, 루틴, 성과를 공유하고, 서로의 진척 상황을 확인한다. 이 방식은 특히 언어 학습이나 독서, 운동 같은 개인의 습관 형성에 효과적이다.

넷째, 워크숍 및 세미나에 참여한다. 목표와 관련된 워크숍이나 세미나에 참여하면 전문가의 지식을 얻고, 다양한 사람들과 네트워킹할 수 있다. 예를 들어, 창업을 목표로 한다면 스타트업 워크숍에 참여하여 창업 성공 사례를 들을 수 있다. 같은 목표를 가진 사람들과 아이디어를 공유할 수 있다. 학습이 목표라면 특정 주제에 대한 세미나에 참석하여 최신 트렌드와 기술을 배울 수 있고 그룹 토론을 통해 깊이 있는 이해를 얻을 수 있다. 이러한 워크숍과 세미나는 목표 달성을 위한 실질적인 전략과 정보를 제공하며, 새로운 인맥을 형성하는 데도 유용하다.

위의 방법으로 자신의 상황과 목표에 따라 선택적으로 활용할 수 있다. 혼자서 이루기 어려운 과정을 함께함으로써 더 쉽게 극복할 수 있게 만든다. 다른 사람들과 연결되고 협력하는 과정은 단순히 목표 달성뿐만 아니라 새로운 관계 형성과 자신의 성장에 큰 도움을 준다.

옆에 있으면 함께 성장하는 사람 특징 7가지

어떤 사람과 함께 있으면 기분이 좋아지고, 마음이 따뜻해진다. 누구와 함께하느냐에 따라 더 행동하고 성장하고 싶은 의욕이 생기기도 한다. 반면, 에너지가 소진되고 의욕이 꺾이게 하는 사람도 있다. 결국, 누구와 함께하느냐에 따라 삶의 방향과 속도가 달라진다.

1) 성장형 사고(Growth Mindset)를 가진 사람

주위에 성장하는 사람이 있으면 그 영향을 크게 받는다. 성장하는 사람들은 성장형 사고를 가지고 있다. 성장형 사고 Growth mindset는 캐럴 드웩Carol Dweck이 제시한 개념이다. 능력과 재능이 고정된 것이 아니라 노력과 경험을 통해 발전할 수 있다는 믿음을 뜻한다. 성장형 사고를 가진 사람은 실패를 두려워하지 않고, 오히려 그것을 배움의 기회로 삼는다. 옆에 이런 사람이 있다면, 자연스럽게 그들의 태도를 배우고, 스스로를 한계 짓는 고정형 사고 Fixed mindset에서 벗어날 수 있다.

예를 들어, 직장에서 새로운 프로젝트를 맡았을 때, 고정형 사고를 가진 사람은 "내가 이걸 할 수 있을까?"라며 주저하고 피하려 한다. 반면 성장형 사고를 가진 사람은 "아직 모르는 부분이 많지만, 해보면서 배우면 되지"라며 도전에 나선다.

성장형 사고를 가진 사람과 함께라면, 실패를 두려워하기보다 그것을 성장의 발판으로 삼는 법을 자연스레 체득하게 된다. 그들은 "할 수 있다"는 믿음을 심어주고, 노력의 가치를 일깨워준다. 결과적으로, 성장형 사고를 가진 사람들과 함께하는 동안 더 강하고 유연한 사고를 갖춘 사람으로 변모할 수 있다.

2) 많은 위기를 극복한 사람

위기는 누구에게나 찾아온다. 하지만 그 위기를 어떻게 받아들이고 극복하느냐에 따라 사람의 깊이와 크기가 달라진다. 많은 위기를 극복한 사람은 인생의 굴곡에서 얻은 지혜와 회복 탄력성 Resilience을 가지고 있다. 이들은 인생의 고비에 흔들리지 않고 중심을 잡는 힘이 있다. 이 사람과 함께하면, 그의 이야기를 통해 간접적으로 위기 대처법과 지혜를 배울 수 있다.

예를 들어, 사업에 실패하고도 다시 일어선 사람이 있다. 그는 경제적 어려움, 주변의 비난, 자기 의심이라는 삼중고를 겪었을 것이다. 하지만 포기하지 않고 새로운 길을 모색하며 결국 재기한 모습을 보면, "저런 사람이 옆에 있으면 나도 힘든 순간을 이겨낼 수 있겠구나"라는 희망을 갖게 된다. 그들의 경험은 단순한 이야기가 아니라, 살아있는 교훈으로 다가온다.

이런 사람들은 위기를 극복한 만큼 다른 사람에게 공감할 수 있는 능력이 뛰어나다. 그래서 누군가 어려움에 처했을 때, 그들은 진심 어린 조언과 위로로 힘을 주며 돕는다. 그 과정에서 그들의 강인함을 닮아가고, 스스로도 위기를 성장의 기회로 바꾸는 법을 배운다. 이들과 함께하는 시간은 나를 더 단단한 사람으로 만들어 준다.

3) 긍정적인 마인드를 가진 사람

긍정적인 마인드는 단순히 낙관적인 태도를 넘어, 삶의 어두운 면에서도 빛을 찾아내는 능력을 의미한다. 이런 사람은 부정적인 상황에서도 "그래도 이건 괜찮아"라며 희망의 씨앗을 발견한다. 이 사람들과 함께 있으면 자연스럽게 긍정 에너지에 전염되어 삶을 더 밝게 바라보게 된다.

긍정적인 사람은 문제를 해결하는 데 집중한다. 그들은

"왜 이런 일이 나한테 일어났지?"라며 불평하기보다 "이걸 어떻게 해결할까?"를 고민한다. 이런 접근법은 실질적인 문제해결 능력을 배우게 하고, 더 나은 방향으로 나아가도록 이끈다. 이들과 함께하면 더 희망적이고 주도적인 사람으로 성장하게 한다.

코로나 시절, 내 강의가 모두 취소된 적이 있다. 그때 주위의 한 지인이 교육은 계속되어야 한다며 희망을 주었다. 그는 희망에 그치지 않고, 온라인 강의를 제작해 판매하는 방법을 알려주었다. 나는 온라인 강의를 만들었고, 그 방법을 강사들에게 컨설팅했다. 덕분에 나는 코로나 위기에서 벗어날 수 있었다. 그 지인의 긍정적인 마인드 덕분에 내 생각과 행동도 변화했다.

4) 좋은 것을 아낌없이 나누는 사람

좋은 것을 아낌없이 나누는 사람은 주변 사람들에게 영감과 용기를 부여하는 존재다. 이들은 지식, 경험, 기회, 심지어 작은 기쁨까지도 주저 없이 다른 사람과 공유한다. 이런 태도는 단순한 물질적 나눔을 넘어, 마음의 풍요로움과 배려를 선물한다. 이런 사람과 함께하면 나도 자연스럽게 "나만 잘되면 된다"는 이기적인 태도에서 벗어나, 협력과 나눔의 가치를 깨닫게 된다.

좋은 것을 나누는 사람은 주변에 긍정적인 영향을 미친

다. 그들의 행동은 "주는 만큼 받는다"는 삶의 원리를 몸소 보여준다. 이 사람들에게 영향을 받아 나 역시 베푸는 삶을 실천하고 싶다는 의욕을 불러일으킨다. 이런 사람과 함께하는 시간은 나를 더 관대하고 풍요로운 마음을 가진 사람으로 성장하게 한다.

5) 끊임없이 도전하는 사람

끊임없이 도전하는 사람은 안주하지 않고 새로운 목표를 향해 나아가는 태도를 보여준다. 이들은 편안한 상태에 머무르지 않고 불편함을 감수하며 자신을 시험하고 한계를 넘으려 한다. 이 사람들 덕분에 주위 사람들도 '나도 무언가 시작해 볼까?'라는 생각을 하게 된다. 도전하는 사람은 완벽해서가 아니라, 불완전함 속에서도 계속해서 극복하는 모습에서 더 큰 자극을 얻는다.

나도 주위에서 강의에 도전하는 사람들 덕분에 자극을 받았다. 그들로부터 강의하고 싶다는 자극을 받았고, 나도 도전할 수 있었다. 주위에 책을 쓰는 작가들이 있었고, 그들로부터 자극을 받아 책을 쓰기 시작했다. 이들의 도전을 지켜보며, 나도 새로운 시도를 두려워하지 않는 용기를 배우게 되었다.

6) 피드백을 주는 사람

피드백을 주는 사람은 나의 성장을 위해 진심 어린 조언과 비판을 아끼지 않는 존재다. 이들은 단순히 칭찬으로 위로하거나 비난으로 상처를 주지 않고, 내가 더 나아질 수 있도록 구체적이고 건설적인 의견을 제시한다.

나는 많은 사람들 앞에서 말할 때 '자~'라는 말을 자주 했다. 예전 MC 경험에서 버릇이 남아 있었기 때문이다. 멘토님께서 이 말버릇에 대해 피드백을 주셨다. 처음 그 피드백을 들었을 때는 기분이 좋지 않았다. 그러나 멘토님은 개선 방법으로 내 목소리를 녹음해 들어보라고 하셨다. 녹음을 듣고 나니 이 습관을 깨닫게 되었고, 계속해서 수정해 나갔다. 만약 그 피드백을 받지 않았다면, 나는 평생 이 말버릇을 고치지 못했을 것이다.

피드백을 주는 사람이 내 주위에 있다는 것은 행운이다. 그 덕분에 나는 스스로를 돌아보고, 더 나은 방향으로 발전할 기회를 얻을 수 있었다. 성장은 자기 인지와 반성에서 시작되며, 좋은 피드백은 그 출발점이 된다.

7) 꿈이 있는 사람

꿈이 있는 사람은 삶의 방향성과 열정을 가진 존재다. 이들은 단순히 하루하루를 살아가는 데 그치지 않고, 자신이 이루고 싶은 목표를 명확히 설정하고 그것을 향해 나아간다.

꿈이 있는 사람은 그 꿈을 향한 열정을 주변에 전파한다. 그들의 에너지는 나에게도 전염되어, 나 역시 목표를 세우고 그것을 이루기 위해 노력하는 삶을 살고 싶게 만든다. 꿈이 있는 사람과 함께하는 시간은 나를 더 주체적이고 열정적인 사람으로 성장하게 한다.

포기해야 할 때, 포기하지 말아야 할 때

살아가면서 우리는 수없이 많은 선택의 갈림길에 선다. 어떤 선택은 아름다운 결실을 가져오지만, 어떤 선택은 예상치 못한 난관에 부딪히기도 한다. 그때마다 '포기'라는 단어가 떠오른다. 흔히 포기는 실패자의 선택이자 나약함의 표본처럼 여겨지지만, 모든 포기가 부정적이고 잘못된 선택일까?

사실 포기는 자신이 가진 자원(시간, 에너지, 돈, 감정 등)을 어디에 투자할지 다시 생각하는 '전략적 결정'일 수 있다. 무작정 붙잡고 있을 때 발생하는 비용도 있기 때문이다. '무조건 버티는 것만이 정답은 아니다'라는 사실을 인지하는 것이 바로 현명한 포기를 위한 첫걸음이다.

아래에 "포기하지 말아야 할 때"와 "포기해야 할 때"를 구분해 보았다. 물론, 인생의 모든 상황이 단순히 두 범주로 나뉘지지는 않겠지만, 이런 기준들은 선택의 순간에 자신을 되돌아볼 수 있게 해준다.

포기하지 말아야 할 때: 인내의 가치

1) 일시적인 어려움일 때

모든 목표와 여정에는 어느 정도의 '고비'가 존재한다. 예를 들어, 무언가를 시작할 때 마주하는 낯선 시도의 어려움, 하기 싫고 힘든 순간, 사업 초기의 자금 부족, 인간관계에서의 갈등이나 오해 등은 흔히 겪는 일시적인 어려움이다. 이런 어려움을 만났을 때 바로 포기하면, 그 너머에 있는 성취와 성장을 경험할 기회를 놓치게 된다.

'이 어려움이 일시적인가, 아니면 구조적인가?'를 판단하는 것이 중요하다. 문제의 근본 원인이 해결 가능하다면, 시간이 지나면서 조금씩 나아지고 있다는 것을 알 수 있다. 이럴 때는 눈앞의 난관을 극복하기 위해 조금 더 도전해보는 것이 좋다.

일시적인 어려움은 어떤 일을 하더라도 따라온다. 대부분의 사람들은 이 시점에서 포기하지만, 이 순간은 포기의 순간이 아니라 인내의 순간인 경우가 대부분이다. 성장하고 뒤

돌아볼 때, 그 순간에 인내한 가치를 느끼게 된다.

2) 핵심 가치와 일치할 때

내 가치관과 목표가 깊이 맞닿아 있을 때, 어려움 속에서도 그 일을 지속할 동기가 생긴다. 예컨대 봉사 활동을 좋아하고, 타인의 성장을 돕는 것이 행복이라고 느낀다면, 금전적 보상이 충분하지 않더라도 그 활동을 계속하는 데서 큰 보람을 얻을 수 있다.

자신의 '핵심 가치'를 파악하려면, "어떤 상황에서 나의 마음이 가장 충만함을 느끼는가?", "가장 의미 있고 보람찼던 순간은 언제였는가?" 같은 질문을 던져볼 수 있다. 핵심 가치와 충돌하지 않는다면, 비록 현실적인 보상이 크지 않더라도 그 일을 포기하지 않고 지키는 것이 좋다. 이후 장기적 성장을 통해 더 큰 만족감이 다가온다.

3) 진정한 열정이 있을 때

나는 무대가 너무 즐겁고 재미있었다. 그것은 진정한 열정의 신호였다. 강의를 처음 시작할 때, 돈보다는 무대가 즐거워서 시작했고, 3년간 무료 강의를 했다. 그때 포기하지 않고 계속한 경험 덕분에 전국구 강사라는 꿈을 이룰 수 있었다.

단순한 호기심이나 흥미와 '진정한 열정'은 다르다. 열정은 이유 없이 마음 깊은 곳에서 끓어오르는 에너지이다. 어쩌면 누가 말려도 굴하지 않는 끈질김일 수도 있다. 열정을 가진 일은 어려움이 닥쳐도 비교적 쉽게 동기부여가 된다. '왜 해야 하지?'라는 질문보다 '이걸 안 하면 너무 아쉬울 것 같아'라는 마음이 든다면, 그건 이미 깊은 열정을 가지고 있다는 신호다.

물론 열정만으로는 부족할 때도 있다. 재정적 여건, 주변 환경 등 현실적인 조건을 무시하고는 장기적인 지속 가능성을 담보하기 어렵다. 하지만 열정은 어려움을 극복하는 '엔진'이 된다. 상황이 조금 힘들어도, 내가 진심으로 좋아하고 집중할 수 있는 일이라면, 조금 더 오래 버텨볼 가치가 있다.

4) 후회를 남길 것 같을 때

심리학자들은 사람들이 '실패'에 대한 후회보다, '시도조차 하지 않은 것'에 대한 후회를 더 오랫동안 크게 느낀다고 말한다. 즉, 어떤 일을 포기한 뒤 시간이 지나면서 "그때 조금만 더 해볼걸…"이라는 미련이 크게 남는 경우가 많다는 것이다.

만약 자신이 미래에 크게 후회할 것 같다면, 지금 조금 더 인내해볼 필요가 있다. 후회는 '한 행동에 대한 후회'와 '하지 않은 행동에 대한 후회' 두 가지 형태로 다가온다. 대부분의 사람들은 두 번째 후회를 더 아프게 느낀다. 눈앞에 어려움이 있다고 해서 쉽게 포기하면, 앞으로의 삶에서 '만약 그때 조금 더 버텼다면…'이라는 마음의 짐을 계속 안고 살아갈 수 있다.

5) 명확한 진전이 보일 때

진전이란 단순히 큰 성공을 말하는 것이 아니다. 목표를 향해 조금씩이라도 나아가는 과정에서 얻는 '작은 성취'도 진전이다. 예컨대 공부할 때 시험 점수가 조금씩 올라가는 것, 사업 매출이 조금이라도 증가하는 것, 유튜브 조회 수가 전에 비해 약간이라도 늘어나는 것, 다이어트에서 조금이라도 몸무게가 빠질 때 등 작은 데이터가 곧 진전의 증거다.

이 작은 개선이 반복되어 어느 정도 지속된다면, 포기하기보다는 계속 이어 나가는 편이 좋다. 이런 작은 진전을 확인하려면 객관적인 지표를 설정하고 기록한다. 주기적으로 기록하고 체크하는 습관을 들이는 것이 효과적이다. 사람이 주관적으로 느끼는 '기분'보다 객관적 '기록'이 필요하다.

포기해야 할 때: 포기로 더 성장하는 지혜

1) 더 좋은 선택을 할 때

인생에는 언제나 선택과 포기가 존재한다. 한 가지를 선택하면, 그 선택에 드는 시간과 에너지를 다른 곳에 쓸 수 없다. 지금 하고 있는 일을 계속하는 것보다 더 성장하고 발전할 기회를 발견했다면, 기존의 일을 포기할 수도 있다.

예를 들어, 나는 유튜브에 1일 1쇼츠를 업로드하고 있었다. 그러던 중 책을 써야 할 기회가 왔다. 쇼츠를 계속 제작하면 책 쓰기에 사용할 수 있는 에너지가 줄어든다. 그래서 나는 책에 집중하기 위해 1일 1쇼츠를 잠시 중단했다. 책을 출판한 후에는 언제든지 쇼츠를 다시 만들 수 있다. 성장을 위해 잠시 목표를 포기하는 것도 좋은 방법이다.

모든 일을 다 잘 해내려다 보면 '다 못하는' 상황에 빠질 수 있다. 선택과 집중은 '무책임함'이 아니라 현명한 판단이 될 수 있다.

2) 가치관과 맞지 않을 때

나이가 들고, 환경이 바뀌며, 인생 경험이 쌓이다 보면 과거에 간절했던 것이 더 이상 간절하지 않을 때가 있다. 인간은 끊임없이 변하고 성장하는 존재이기 때문이다.

예를 들어, 과거에는 '인간관계'가 최우선의 가치였다. 하지만 지금은 커리어와 성장이 최우선 가치로 바뀌었다면, 인간관계에 대한 접근을 재고할 필요가 있다. 인간관계를 위해 참가하던 모임을 줄이거나 포기하고, 내 가치관에 맞는 자기계발과 성장에 집중할 수 있다.

이러한 결정을 내리기 위해서는 무엇보다 자기 자신을 명확히 이해하는 것이 중요하다. 현재 가장 중요하게 여기는 가치를 구체적으로 적어 보고, 자신의 일상과 행동이 그 가치와 일치하는지 진지하게 점검해야 한다.

3) 건강을 해칠 때

건강은 삶의 모든 성취와 행복의 근본적인 기반이다. 아무리 원대한 목표를 가지고 있어도 건강을 희생한다면 그 목표는 의미를 잃게 된다. 목표 달성 과정에서 건강에 적신호가 들어왔다면, 지금 당장 멈추고 자신을 점검하며 회복하는 것이 가장 현명한 선택이다.

10kg 감량을 목표로 강도 높은 식이요법과 운동을 하고 있다고 가정해보자. 지나친 다이어트로 활력이 떨어지고 의욕까지 상실된다면, 오히려 본업과 인간관계 등 삶의 중요한 영역에까지 악영향을 미칠 수 있다. 건강 상태가 악화되거나 병이 더 커진다면, 다이어트는 득보다 독이 되는 결과를 초래할 수 있다.

만약 지금 당신이 추구하는 목표나 행동이 불면증, 만성피로, 극도의 스트레스와 불안, 깊은 우울감을 지속적으로 유발하고 있다면, 이는 몸과 마음이 보내는 '위험'의 신호다. 이 신호를 무시하고 계속 강행하면 더 큰 피해가 올 가능성이 높다. 이럴 때 잠시 쉬어가는 것은 결코 패배를 의미하지 않는다. 오히려 현명한 전략적 후퇴이자 자신을 위한 배려다. 건강을 회복한 뒤, 재충전된 에너지와 맑아진 정신으로 목표에 다시 도전하는 것이다. 한 번의 휴식과 재정비는 결코 실패가 아니다.

4) 손해가 너무 클 때

주식 용어 중 '손절매'가 있다. 손절매는 투자한 주식이 이미 손해를 보고 있다는 것을 알면서도, 추가적인 손실을 막기 위해 과감히 매도하는 것이다. 그러나 대부분의 사람들은 손절매를 실행하는 데 어려움을 느낀다. 그 이유는 간단하다. 손해를 확정 짓고 싶어 하지 않기 때문이다. 결국, 손절매를 하지 않고 망설이다 더 큰 손해를 보게 된다.

이는 심리학에서 말하는 '손실 회피 편향'과 깊은 관련이 있다. 사람은 이익을 얻었을 때보다 손실을 입었을 때 느끼는 고통이 더 크기 때문이다. 이 때문에 조금이라도 손해를 보는 상황을 피하려고 무리하게 기다리거나 잘못된 판단을 계속하게 된다.

"이미 오래 투자했으니 더 버려야 한다"는 생각은 '매몰 비용의 함정'에 빠지게 만든다. 매몰 비용이란 이미 지출하여 회수할 수 없는 비용을 말한다. 사람들은 자신이 이미 쓴 돈이나 시간, 노력 때문에 잘못된 선택을 계속 고집하며 결국 더 큰 손해를 보게 된다.

이것은 주식뿐만 아니라 삶 전반에도 적용되는 개념이다. 예를 들어 사람과의 관계를 살펴보자. 처음에는 좋은 관계라고 생각했으나 시간이 흐를수록 집착과 의존이 강해진다. 그 관계를 유지하기 위해 너무 많은 에너지를 소모하게 된다면 그것은 관계가 아니라 자신을 해치는 일종의 손해일 수 있다.

이럴 때도 손절매처럼 그 관계에서 과감히 벗어나야 한다.

5) 소중한 관계를 잃을 때

목표를 이루는 것도 중요하지만, 삶에서 중요한 사람들과 좋은 관계를 유지하는 것도 매우 중요하다. 목표를 향해 달려가면서 소중한 사람들과의 관계가 무너지거나 멀어지고 있다면, 과감히 멈추고 되돌아볼 필요가 있다.

예를 들어, 승진을 위해 밤낮없이 일에 몰두하면서 가족과 보내는 시간을 희생하고 있다고 가정해보자. 시간이 흐를수록 가족들과의 대화는 줄어들고 관계가 멀어지게 된다면, 아무리 높은 자리에 올라가더라도 결국 허무함과 외로움이 찾아올 수 있다. 원하는 위치에 갔을 때 가족과 관계를 회복하려 해도, 이미 관계가 소원해져 버리거나 잃어버릴 수 있다. 삶에서 가장 중요한 것은 결국 사랑하는 사람들과의 관계에서 얻는 행복이기 때문이다.

스스로에게 신시하게 질문해 보자. "지금 이 목표를 이루는 것이 나에게 진정한 행복을 가져다주는가?", "이 목표로 인해 소중한 관계를 잃어도 후회하지 않을 수 있는가?" 만약 소중한 관계를 잃을 만큼의 가치는 없다고 느껴진다면, 과감하게 목표를 조정하거나 잠시 내려놓고 소중한 사람들과의 관계를 먼저 회복하는 것이 좋다. 성공의 진정한 의미 중 하나는 소중한 사람들을 지키는 것임을 기억하자.

공개선언 효과 활용하기

미국의 심리학자 스티븐 헤이스Steven Hayes는 한 실험을 진행했다. 대학생들을 세 그룹으로 나누어 목표 점수를 설정하게 한 것이다.

> A그룹 : 목표 점수를 공개적으로 말함
> B그룹 : 목표 점수를 혼자 생각함
> C그룹 : 목표 설정 안 함

결과는 명확했다. A그룹의 성적이 가장 높았고, B그룹과

C그룹은 거의 차이가 없었다. 혼자 다짐하는 것은 실제 실행력에 별 도움이 되지 않는다. 공개적으로 말해야 실현 가능성이 높아진다. 공개적으로 알리면 행동하고 이뤄질 확률이 높아진다. 이를 공개 선언 효과Public Commitment Effect라 한다.

1) 공개선언으로 다이어트 성공!

KBS 개그콘서트의 '헬스걸' 코너에서는 개그우먼 권미진과 이희경이 체중 감량을 위한 공개 선언을 했다. 이들은 체중을 공개하고 매주 감량 상황을 공개적으로 알렸다. 권미진은 102.5kg, 이희경은 86.5kg으로 시작했으며, 실패 시 벌칙과 프로그램 하차를 선언했다. 20주 후, 권미진은 44kg, 이희경은 32kg을 감량하는 데 성공했다. 이들은 공개된 압박과 감시 속에서 놀라운 변화를 이뤄냈다.

또한, 168kg의 초고도 비만 개그맨 김수영도 같은 방식으로 '라스트 헬스보이' 코너에서 16주 동안 매주 체중을 공개했다. 결과는 무려 70kg 감량이었다. 그는 "누가 나를 지켜보고 있다고 생각하니 간식을 고르기도 조심스러웠다"고 말한다.

> 권미진 : 102.5kg → 58.5kg (-44kg)
> 이희경 : 86.5kg → 54.5kg (-32kg)
> 김수영 : 168kg → 98kg (-70kg)

이는 공개 선언을 이용하여 자신의 목표를 이룬 사례다. 공개 선언 효과는 자신의 목표나 결심을 공개적으로 선언할 때, 그 목표를 이루기 위한 의지가 강화되는 심리적 현상이다. 목표를 알릴수록 달성 가능성이 높아지는 3가지 이유가 있다.

첫째, **공개적으로 선언한 약속을 지키지 않을 경우, 평판이 손상되기 때문이다.** 한번 신뢰를 잃으면 회복하기 어렵기 때문에 공개 선언은 강력한 동기 부여 요소로 작용한다. 회사가 환경 보호 정책을 발표하거나 정치인이 공약을 내세우는 경우, 이를 지키지 않으면 대중의 비난과 신뢰 하락으로 이어진다. 공개 선언은 선언자에게 사회적 책임감을 부여하고, 이를 지키도록 행동의 압력을 준다.

둘째, **사람은 자신의 말과 행동이 일치하기를 원하는 심리적 특성을 가지고 있기 때문이다.** 인지부조화 이론에 따르면, 사람은 자신의 말과 행동을 일치시키려는 경향이 있다. 그래서 공개적으로 선언한 내용과 다르게 행동할 경우, 심리적 불편함을 느끼게 된다. 이를 피하기 위해 사람은 말을 지키려 행동하고 노력한다. 공개 선언은 자신의 정체성을 형성하게 만든다. 예를 들어, 독서를 선언한 사람은 '독서가'라는 새로운 정체성을 형성하고, 이 정체성을 유지하기 위해 책을 읽고 독서와 관련된 행동을 한다.

셋째, **주변 사람들로부터 지지와 도움을 받을 수 있다.** 금연이나 마라톤 완주와 같은 어려운 목표를 공개적으로 선언하면, 주변 사람들로부터 응원과 격려를 받게 된다. 사회적 지지는 어려운 순간에 포기하지 않고 계속 나아갈 수 있는 힘이 된다. 또한, 같은 목표를 가진 사람들과 공감을 형성하여 공동체 의식을 높일 수 있다. 공개 선언은 개인의 의지를 넘어, 직접적이거나 간접적으로 도움을 받아 목표 달성 가능성을 높인다.

2) 공개 선언을 실행으로 연결시키는 4단계

많은 사람들이 '선언'만 하고 행동하지 않고 끝난다. "올해는 다이어트 진짜 할 거야.", "이번엔 꼭 유튜브 시작할 거야." 선언은 하지만 한두 달이 지나면 조용해진다. 이유는 간단하다. 말만 던져놓고, 아무런 실행 구조도 만들지 않기 때문이다. 다음 4단계로 공개 선언하면 목표를 이룰 확률이 높아진다.

첫째, **작고 구체적으로 선언한다.** "꿈이 크면 좋지 않나요?"라고 묻는 사람이 있다. 물론 꿈은 클수록 좋다. 문제는 대부분 '큰 말'만 하고 행동은 하나도 안 한다는 것이다. '1년 뒤 유튜브 구독자 10만!', '3달 동안 다이어트로 10kg 감량' 말은 멋지다. 하지만, 행동으로 이어지기는 쉽지 않다. 목표가 너무 커서 부담스럽고, 애초에 어디서부터 시작해야 할지 모르기 때문이다.

공개 선언은 클 필요 없다. 오히려 작을수록 좋다. 너무 작아서 민망할 정도여야 한다. 예를 들어, '매일 글 한 줄 쓰기'나 '헬스장 가서 매일 사진 찍기'처럼 작은 목표로 시작한다. 그 목표를 달성한 후, 조금 더 큰 목표를 설정하면 된다. 처음부터 '100'을 하겠다고 하지 말고, '1'부터 시작한다고 선언하는 것이 좋다.

둘째, **공개 선언에 마감일을 포함시킨다.** 마감이 없는 목표는 그저 희망 사항에 불과하다. '언젠가…'라는 말은 사실상 '안 하겠다'는 말과 같다. 목표를 향해 나아가고 있는지 점검할 수 있도록 주기적인 피드백 계획도 세워야 한다. 예를 들어, '매일 아침 6시에 일어나겠다'보다 '4월 1일부터 4월 30일까지 매일 아침 6시에 기상 인증을 인스타그램에 올린다'처럼 날짜, 시간, 횟수, 행동을 구체적으로 설정하면 더 효과적이다. 구체적인 목표를 설정하면 뇌는 그 마감을 기준으로 움직인다. 마감일은 실천을 이끄는 '가장 강력한 마법'이다.

셋째, **함께 하는 사람 또는 지켜보는 사람을 만든다.** 사람은 혼자 있을 때 '내일 하지 뭐', '누가 보나?'라는 마음으로 쉽게 무너진다. 하지만 누군가가 지켜보고 있으면 달라진다. 누군가가 나를 지켜보고 있다고 느끼는 순간, 행동하게 되고 계속해서 나아갈 수 있다. 나를 지켜보는 사람이 많을수록 책임감도 커진다. 누군가가 나를 응원하거나 기대하고 있다는 감각만으로도 큰 지지가 된다.

지켜보는 것보다, 같은 목표를 함께하는 것이 더 효과적이다. 함께 하는 사람들과 각자의 목표를 세우고 진행 상황을 공유한다. 예를 들어, 매일 독서하기로 했다면 읽었던 책을 서로 공유하고 응원의 댓글을 남긴다. 실행은 누군가가 지켜보거나 함께할 때 더 오래 지속된다.

　　넷째, **선언이 실패했을 때는 솔직하게 말한다.** 많은 사람들이 '실패할까 봐' 공개 선언을 하지 않는다. 그러나 실패를 숨기는 것보다 인정하는 것이 더 중요하다. 목표를 세우고 실천하다 보면 대부분 실패가 따른다. 예를 들어, '30일 동안 매일 1줄'을 목표로 했는데 15일만 썼다면, 그건 실패다. 이때 숨기거나 변명하기보다, '15일밖에 못 썼어요. 바빠서 놓쳤네요'라고 솔직하게 인정하는 것이 중요하다.

실패를 공유하는 것은 반성의 기회가 된다. '왜 절반밖에 못 썼을까?'를 고민하면, 실패한 원인을 찾을 수 있다. 만약 시간이 정해지지 않아서 실패했다면, '에너지가 많은 아침에 쓰자'라는 대책을 세울 수 있다. 이런 대책은 다음 목표를 더 잘 이루는 데 도움이 된다. 실패를 솔직히 드러낼수록, 스스로 더 강해지고 계속 나아갈 수 있는 힘이 생긴다.

집중력을 높이는 5가지 방법

충격적인 연구 결과가 있다. 2015년, 마이크로소프트 캐나다 연구팀은 인간이 한 사물에 집중하는 평균 시간을 측정했다. 그 결과, 평균 집중 시간은 8초였다. 이전 조사에서는 12초였지만, 이제는 8초로 더 떨어졌다. 시간이 지나면서 집중하는 시간이 더 짧아졌을 것이다.

<도둑 맞은 집중력>의 저자 알프레드 파링턴(Alfred Parrington)은 "우리는 단순히 집중력을 잃고 있는 것이 아니라, 적극적으로 도난당하고 있다"고 말한다.

현대 사회는 집중력을 방해하는 요소가 너무 많다. 스마트폰, 태블릿, PC 등 디지털 기기는 끊임없이 알림을 보내며 집중을

방해한다. SNS, 온라인 게임, 동영상 콘텐츠 등 즐거움을 주는 콘텐츠들은 중독성을 유발하고 집중력을 떨어뜨린다.

<딥워크>에서는 '깊이 있는 몰입'을 강조한다. 이 책은 깊이 있는 몰입이 성과를 높이는 21세기 초능력이라고 말한다. 이 책에서 강조하는 공식은 아래와 같다.

> **고품질 작업 성과 = 투입시간 × 집중 강도**

1) 분주함과 생산성을 구분하기

나는 학창 시절, 시험 기간이면 책상 정리를 하곤 했다. 이상한 점은 평소에는 책상 정리를 하지 않았는데, 꼭 시험을 앞두고 책상을 정리했다는 것이다. 돌아보니, 책상 정리를 하고 싶었던 것이 아니라, 시험 공부를 미루기 위한 대체 행동이었다. 책상 정리를 하며 시간을 보냈다는 사실을 시험 공부를 했다고 착각하게 만들었다.

이 행동을 '부지런한 게으름'이라 한다. 부지런한 게으름은 겉으로는 열심히 움직이지만, 본질적으로 중요한 일을 피하는 행동이다. 시험이라는 중요한 일을 앞두고 청소 같은 불필요한 일로 스스로를 바쁘게 만들고, 그 시간을 썼다고 착각한다.

예를 들어, 많은 직장인들이 출근과 동시에 이메일을 확인하고 회의 일정을 조율하며 다양한 업무를 처리하는 데 집중한다. 그러나 하루가 끝나고 나면 '바쁘긴 했는데, 제대로 한 것이 없네'라는 생각이 든다. 바쁜 하루를 보냈지만, 가장 중요한 업무에는 집중하지 않았기 때문이다.

우리는 종종 '분주함'과 '생산성'을 혼동한다. 생산성은 단순히 바쁘게 움직이는 것이 아니라, 의미 있는 결과를 창출하는 능력이다. 생산적인 사람들은 일을 많이 하는 것이 아니라, '분주함'과 '생산성'을 구분하여 분주한 일은 줄이고, 생산적인 일에 집중해 성과를 높인다.

분주함과 생산성을 구분하는 방법은 자신이 하는 모든 행동을 적어 보고, 그 행동이 목표와 얼마나 관련이 있는지 점수를 매기는 것이다. 점수가 높은 행동은 계속하고, 점수가 낮은 행동은 최대한 줄여나가면 된다.

예를 들어, 하루 동안의 모든 활동을 기록하고, 각 활동의 목표와의 연관성을 평가할 수 있다.

이메일 확인 (30분) - 목표 연관성: 2/10점
회의 참석 (1시간) - 목표 연관성: 6/10점
소셜 미디어 탐색 (45분) - 목표 연관성: 1/10점
주요 프로젝트 작업 (2시간) - 목표 연관성: 9/10점
커피 브레이크 및 잡담 (30분) - 목표 연관성: 3/10점

이런 식으로 활동을 분석하면 실제 생산성을 방해하는 요소들을 명확히 볼 수 있다. 점수가 낮은 활동들(소셜 미디어, 무의미한 잡담 등)은 줄이고, 점수가 높은 활동(핵심 프로젝트 작업)에 더 많은 시간을 투자한다. 이 방법을 통해 분주함과 실제 생산성을 구분할 수 있으며, 자신의 시간과 에너지를 더 효율적으로 관리할 수 있다.

'나는 너무 바빠'라는 말을 습관적으로 하는 대신, '나는 가장 중요한 일에 집중하고 있어'라고 생각을 전환해 보자. 생산성은 일의 양이 아니라 질과 결과로 판단하는 것이다.

2) 스마트폰을 관리하라!

스마트폰은 집중력을 빼앗는 결정적인 요소이다. 몰입 상태에 진입하기까지는 약 10~15분이 걸린다. 하지만 몰입한 상태에서 알람이 울리고 메시지를 확인하는 순간, 집중력이 사라져버린다. 이 알람을 확인하고 다시 집중하기 위해서는 이전보다 더 많은 시간이 소요된다.

다시 집중하기 위해서는 이전의 맥락을 파악하고 재정비하는 과정이 필요하다. 이 과정에서 추가적인 정신적 에너지가 소모된다. 이 에너지 소모를 '작업 전환 비용task switching cost'이라고 한다. 캘리포니아 대학교 어바인University of California, Irvine에서 진행된 연구에 따르면, 방해 후 다시 작업에 완전히 집중하는 데 평균 23분 15초가 걸린다.

집중력을 높이기 위한 첫 번째 단계는 필요하지 않은 알림을 끄는 것이다. 카카오톡에서 단체방이나 광고 등 불필요한 알림을 울리지 않게 설정하고, 사용하지 않는 앱은 주기적으로 삭제해 알림의 방해를 받지 않도록 한다.

두 번째는 스마트폰을 무음으로 설정하는 방법이다. 집중이 필요하다면 스마트폰을 무음으로 하고 화면을 뒤집어 놓는 것이 좋다. 스마트폰을 보지 않고 알람 소리나 화면의 시각적 변화만으로도 집중력이 흐트러지기 때문이다.

세 번째는 물리적으로 스마트폰을 떨어뜨리는 방법이다. 나도 모르게 스마트폰에서 주식 시세를 확인하거나 SNS를 들여다보는 등의 행동을 하게 된다. 이를 '피상적 작업'이라고 한다. 피상적 작업은 겉으로는 바쁘게 보일지 몰라도, 실질적으로 도움이 되지 않는 행동이다. 집중이 필요한 순간에는 스마트폰을 물리적으로 멀리 두는 것도 좋은 방법이다. 만약 스마트폰 사용이 자제되지 않는다면, '스마트폰 감옥' 장치로 강제로 사용을 제한할 수 있다.

스마트폰은 가장 편리한 도구이자, 가장 나를 방해하는 도구가 되기도 한다. 스마트폰을 관리하지 않으면 내가 스마트폰에 관리당하게 된다.

3) 최적의 장소로 가기

나는 사무실에 나가기 귀찮아서 집에서 글을 적기로 했

다. 사무실까지 왕복하는 1시간을 절약할 수 있다 생각했다. 이동하는 시간을 글쓰기에 집중하며 더 생산적으로 사용할 생각이었다. 그런데 막상 집에 앉아 글을 쓰려다 보니 사소한 집안일들이 눈에 들어오기 시작했다.

    책상 앞에 앉기 전에 세탁기를 돌리고, 바닥이 신경 쓰여 간단하게 청소도 했다. 그제야 본격적으로 글을 쓰려는데, 글이 잘 써지지 않는다. 문장 하나를 적고 다시 고치기를 반복하다가 문득 침대가 눈에 들어왔다. '잠시만 누워서 생각해 볼까?'라는 생각에 침대로 향했고, 그만 눈을 붙이고 말았다. 10분만 자려고 했는데 어느새 1시간이 지나 있었다.

    다시 정신을 차리고 책상에 앉았지만, 이번에는 휴대폰이 손에 잡혔다. '잠깐만 SNS나 한번 볼까?'라며 무의식적으로 스크롤을 내리기 시작했다. 뉴스도 보고, 메시지도 확인하고, 갑자기 관심도 없던 쇼핑몰까지 들어갔다. '이러면 안 되지!' 하며 억지로 휴대폰을 내려놓고 다시 집중하려 했지만, 이젠 TV가 눈에 들어왔다. '5분만 쉬면서 보자'라는 생각으로 소파에 앉았는데, 결국 영화 한 편을 다 보고 말았다.

    이동 시간을 아껴 집중력을 높이려던 계획이 오히려 하루를 통째로 날려버리는 결과를 낳았다. 집은 휴식의 공간으로 여겨져, 글쓰기라는 일에 집중하기가 어려웠다.

    이동 시간을 아껴 집중력을 높이려던 계획이 오히려 하루를 통째로 날려버리는 결과를 낳았다. 집은 휴식의 공간으로 여겨져, 글쓰기라는 일에 집중하기가 어려웠다.

이 현상은 '앵커링 효과Anchoring Effect'와 관련이 있다. 앵커Anchor는 배가 정박할 때 사용하는 닻을 의미한다. 배가 닻을 내리면 그 위치를 중심으로 움직임이 제한되듯이, 인간의 사고와 판단 또한 처음 접한 정보나 환경적 요인에 의해 크게 영향을 받는다. 뇌는 어떤 정보나 환경을 기준점(앵커)으로 삼아서 이후의 행동을 결정짓는 경향이 있다.

이런 앵커링 효과는 일상에서도 강력하게 작용한다. 집이라는 공간은 본래 '휴식하는 곳'으로 기준(앵커)되어 있다. 그래서 집에 있는 동안에는 계속 쉬려는 쪽으로 행동하게 된다. 집에서 특정 행동을 하려고 해도 침대, 소파, TV, 냉장고, 휴대폰 등 다양한 유혹이 방해한다. 환경 자체가 집중력을 흩뜨리고, 무의식적으로 '쉬어야 한다'는 신호를 보낸다. 원래 목표였던 생산적인 활동(글쓰기, 공부, 업무, 운동 등)은 뒷전이 되고 만다. 대표적인 예가 홈 트레이닝을 위해 제자리 자전거를 사는 것이다. 시간이 지나면 집안의 빨래걸이로 전락해버리는 이유가 이 때문이다.

어떤 행동을 꾸준히 하고 집중력을 높이고 싶다면, 해당 행동을 하기에 적절한 환경을 조성하는 것이 매우 중요하다. 환경이 행동을 결정짓는다는 점을 인식하고 나면, 장소를 바꾸는 것이 가장 간단하면서도 강력한 행동 변화 전략이 된다.

4) 멀티태스킹 하지 않기

직장에서 보고서를 작성하면서 메일을 확인한다. 집에서도 스마트폰을 보며 TV를 시청한다. 학생들은 음악을 들으면서 공부를 한다. 현대 사회는 '멀티태스킹의 시대'라고 불릴 정도로 동시에 여러 일을 처리하는 것이 미덕으로 여겨지고 있다.

그러나 뇌는 본질적으로 하나의 작업에 집중하도록 설계되어 있다. 멀티태스킹을 할 때, 뇌는 여러 작업을 동시에 수행하는 것처럼 느끼지만 사실, 동시에 하는 것이 아니라 매우 빠르게 작업 간 전환을 하며 처리하는 것이다. 반복적인 작업 전환은 '전환 비용switching cost'을 발생시킨다. 예를 들어, 보고서를 작성하다가 스마트폰 알림을 확인하면, 다시 보고서 작성에 완전히 집중하기까지 상당한 시간과 에너지가 소모된다.

멀티태스킹을 자주 하는 사람일수록 정보를 분류하고 중요한 것을 기억하는 능력이 현저히 떨어진다. 멀티태스킹 습관이 있는 사람은 작업의 세부 사항에 집중하지 못하고 표면적인 행동에 그치기 쉽다. 멀티태스킹은 깊이 있는 사고를 막아 창의적인 사고와 깊이 있는 이해력을 방해한다. 창의성과 깊이 있는 사고는 오직 집중이 유지된 상태에서만 가능하다. 지속적으로 주의가 분산되면 문제에 깊이 몰입할 기회를 잃게 된다. 멀티태스킹은 독창적이고 혁신적인 아이디어를 생성하기 어렵게 만든다.

멀티태스킹은 결코 효율적이지 않다. 집중력, 업무의 질,

창의성, 심리적 안정감까지 저하시킬 수 있는 습관이다. 오히려 하나의 일에 집중하고 깊이 있는 사고를 유지하는 것이 훨씬 더 현명하고 생산적인 선택이다. '한 번에 하나씩'의 원칙을 지켜 보자. 처음에는 다소 어렵고 불편하게 느껴질 수 있지만, 곧 더 빠르고 효율적이며 의미 있는 결과를 얻을 수 있음을 깨닫게 될 것이다.

5) 포모도로 기법

나도 집중력이 높은 사람이 아니다. 내 문제 중 하나는 집중력 부족과 분산이다. 책상 앞에 앉아 책을 읽거나 업무를 하려고 하면, 몇 분 지나지 않아 스마트폰을 집어 들고 피상적 작업이나 딴짓을 하는 자신을 발견한다. 이 문제를 극복할 효과적인 방법 중 하나는 포모도로 기법 Pomodoro Technique이다.

포모도로 기법은 1980년대 후반, 이탈리아의 대학생 프란체스코 시릴로 Francesco Cirillo가 개발한 시간 관리법이다. 그는 공부에 집중하지 못하는 자신을 돌아보며, 타이머를 이용해 시간을 관리했다. 당시 그가 사용했던 타이머가 토마토 모양이었기에, 이 기법에 이탈리아어로 토마토를 뜻하는 '포모도로'라는 이름을 붙였다.

포모도로 기법의 기본 원리는 아주 간단하다. 특정 작업을 수행할 때 25분의 집중 시간을 갖고, 5분 동안 휴식을 취한다. 이를 네 번 반복한 뒤에는 조금 더 긴 15~30분의 휴식을 취하는 방식이다.

포모도로 기법을 사용하는 이유는, 인간의 뇌가 집중력을 유지할 수 있는 시간이 한정되어 있기 때문이다. 장시간 작업을 하면 자연스럽게 집중력이 떨어지고 효율성이 저하된다. 반면, 짧게 집중하고 규칙적으로 휴식을 취하면 뇌의 피로가 회복된다. 휴식 이후 뇌는 더 효율적으로 다음 집중 시간을 맞이할 수 있다. 포모도로 기법은 이런 인간의 뇌 특성을 활용하여 업무나 학습의 효율성을 극대화하는 방법이다.

> **포모도로 기법**
>
> 1) 작업 선택 : 할 일을 목록을 작성
> 2) 타이머 설정 : 25분으로 타이머를 설정
> 3) 집중 작업 : 타이머가 울릴 때까지 행동에 집중
> 4) 짧은 휴식 : 타이머가 울리면 5분간 휴식
> 5) 반복 : 이 과정을 4번 반복한 후, 15~30분의 긴 휴식

이 기법을 제대로 활용하기 위해서는 몇 가지 유의 사항을 지켜야 한다.

첫째, 25분의 집중 시간 동안은 가능한 모든 방해 요소를

제거해야 한다. 스마트폰 알림을 끄고, 인터넷 사용을 제한한다. 주변 사람들에게 집중 시간임을 알리는 것도 좋다.

둘째, 5분의 휴식 시간을 철저히 지켜야 한다. 5분의 휴식 시간은 뇌를 잠시 쉬어주면서 다음 집중을 위한 충전 시간이기 때문이다. 이 시간에 가벼운 스트레칭, 일어나 걷기 등의 활동을 하면 신체적, 정신적 회복을 도울 수 있다.

셋째, 포모도로 시간을 기록하고 관리하는 도구를 사용하는 것도 효과적이다. 알람은 구글 타이머로 유명한 타임 타이머Timetimer를 추천한다. 타임 타이머는 스마트폰을 만지지 않아도 되며 직관적으로 볼 수 있다. 스마트폰 앱으로 도구도 있지만, 스마트폰을 만지다 SNS나 게임에 빠질 수 있다.

처음에는 25분이 생각보다 길다고 느껴질 수 있다. 하지만, 지속적으로 반복하다 보면 자연스럽게 몰입력과 집중력이 증가하게 된다. 장기적으로 보면 포모도로 기법은 자기관리 능력 향상으로 이어진다. 학습과 업무뿐 아니라 일상생활의 전반적인 생산성과 집중력을 높이는 데 큰 도움을 줄 수 있다.

Part 5.
꾸준히 행동할 수 있는 습관 만들기
: 계속

슬럼프를 극복하는
3가지 방법

누구나 슬럼프를 만난다. 슬럼프Slump란, 갑자기 의욕이 사라지거나 능률이 떨어지는 상태를 의미한다. 평소 잘하던 일도 갑자기 하기 싫어지고, 집중력이 저하되며, 성과가 나오지 않는 상태가 지속된다. 보통 외부적인 요인(과도한 스트레스, 실패, 환경 변화)과 내부적인 요인(자기 의심, 동기 저하, 피로 누적)이 결합하여 발생한다.

슬럼프에 빠진 사람들은 다음과 같은 부정적인 행동 패턴을 보인다.

회피하기 : 해야 할 일을 미루고 SNS, 게임, 유튜브, 음주 등으로 도피한다.

자기 비하 : "나는 왜 이럴까?"라는 생각에 빠지며 자기 자신을 깎아내린다.

지나친 완벽주의 : 높은 기대치를 맞추려다 지쳐버리고 아무것도 하지 못한다.

포기하려는 충동 : 스스로 무능하다는 생각이 들면서 목표를 포기하고 싶어진다.

비교하기 : 나보다 나은 다른 사람들과 자신을 비교하며 자신감이 하락한다.

사회적 고립 : 주변 사람들과 접촉을 피하고, 스스로 고립시킨다.

즉각적 만족 추구 : 장기적 목표보다 순간적인 재미와 편안함에 매몰된다.

의미 없는 쇼핑 : 불필요한 물건을 사면서 기분을 달래려 한다.

이러한 행동은 슬럼프를 더 악화시킨다. 슬럼프가 악화되기 전에, 극복하는 방법을 알고 실천하는 것이 중요하다.

1) 슬럼프를 재정의하기

슬럼프에 빠지면 보통 부정적인 감정에 휩싸인다. "왜 나한테 이런 일이 생기지?", "나는 안 되는 건가?", "도대체 뭐가 문제야?"라고 자책하며 무기력함에 빠지게 된다.

하지만 나는 슬럼프를 완전히 다른 시각으로 바라보기를 제안한다. 슬럼프는 실패의 신호가 아니라, 성장의 증거다. 가만히 있는 사람에게 슬럼프는 찾아오지 않는다. 도전하고 앞으로 나아가는 사람만이 슬럼프를 만날 수 있다.

슬럼프는 마치 운동 후 찾아오는 근육통과 같다. 운동을 하면 근육이 미세하게 손상되고, 그 과정에서 통증이 생긴다. 하지만 이 통증은 성장의 신호다. 근육이 회복되면서 근육이 커지거나 근력이 강해지기 때문이다.

마찬가지로 슬럼프는 더 높은 수준으로 도약하기 전, 정신과 감정이 겪는 성장통이다. 무기력하고 아무것도 하기 싫어지는 순간은 오히려 기존의 한계를 넘어설 준비를 하고 있다는 증거다. 운동하지 않은 사람은 편안하지만, 근육통을 만나지 못한다. 통증이 없다고 좋아할 일이 아니다. 왜냐하면 근육통이 없으면 결국 근육은 줄어들게 되어 있기 때문이다.

어떤 목표를 향해 가다 보면 처음부터 일정 수준까지는 쉽게 성장한다. 하지만 어느 순간부터 성장이 정체되는 느낌이 들고, 아무리 노력해도 제자리걸음을 하는 것처럼 느껴진다. 바로 그 순간이 슬럼프다. 흥미로운 점은, 이 시기를 극복하면 한 단계 더 높은 수준으로 도약할 수 있다는 것이다.

마치 게임에서 보스를 깨기 전 가장 큰 난관이 기다리듯이, 슬럼프는 한계를 넘어설 수 있는 마지막 관문이다. 슬럼프가 왔다면, "아, 나는 지금 한 단계 더 성장할 준비가 되었구나"라고 재정의하자.

슬럼프는 멈춤의 신호가 아니라 성장의 신호이다.
슬럼프는 아픔의 신호이지만, 다음 단계 직전이라는 신호이다.
슬럼프를 아픔으로 받아들일 것인가? 기쁨으로 받아들일 것인가?

2) 자책하지 않고 남과 비교하지 않기

슬럼프에 빠지면 자책하게 되고 타인과 비교하게 된다. "왜 나는 이렇게 못하지?", "다른 사람들은 저렇게 잘하는데 나는 뭐야?" 이런 생각은 슬럼프를 더 깊게 만들고 회복의 길을 멀어지게 한다.

자책은 슬럼프 극복에 전혀 도움이 안 된다. "내가 더 열심히 했어야 했어", "내가 능력이 부족한 거야"라고 몰아세우는 건 이미 지친 마음에 채찍질을 더하는 꼴이다. 자책은 부정적인 감정을 키우고 스스로를 무가치하게 느끼게 한다. 하지만 슬럼프는 내 잘못이나 무능함 때문에 오는 것이 아니라 에너지가 고갈되었거나 외부 환경이 변해서 왔을 수도 있다.

슬럼프는 한 단계 더 높이 오르기 위한 성장통이다.

남과 비교하지 않는 것도 슬럼프 극복의 핵심이다. 타인의 성공이나 행복한 모습만 보고 그 뒤에 숨은 노력이나 어려움은 간과하기 쉽다. SNS에서 주변 사람이 성공한 사진을 보거나 잘 나가는 모습을 보면 "왜 나만 이렇게 힘들지?"라는 마음이 든다. 하지만 이런 비교는 현실을 왜곡한다.

중요한 것은 남과 비교하는 것이 아니라 '어제의 나'와 비교하는 것이다. 나도 유튜브가 정체되고 슬럼프에 빠졌을 때, 작년의 나와 비교했다. 현재도 구독자 수가 10.9만 명에서 멈춘, 슬럼프 구간에 있다. 하지만 돌아보니, 1년 전 오늘의 구독자는 1.5만 명이었다. 작년에도 슬럼프라고 생각했지만, 계속해왔고, 오늘도 계속 만들면 극복할 수 있다고 믿는다. 어제보다 조금이라도 나아졌다면, 그것이 진정한 성장이다. 어제의 나와 비교하기 위해서는 기록을 남겨 두자.

3) 조금 늦추지만, 계속하자!

나도 운동을 하다가 슬럼프를 만난 적이 있다. 그럴 때마다 나는 헬스장에 가는 것 자체를 목표로 삼았다. 운동이 너무 하기 싫은 날에는 그냥 샤워만 하고 돌아오기도 했다. 그렇게라도 헬스장에 가는 습관을 유지했다. 그러다 어느 날은 자연스럽게 운동하고 싶은 날이 찾아왔다. 이러한 과정이 반복되면서 결국 14kg을 감량하는 데 성공할 수 있었다.

많은 사람이 슬럼프를 만나면 회피하거나 완전히 멈춰버리는 경우가 많다. 물론 건강이 나빠졌거나 정신적으로 큰 부담을 느낀다면 충분한 휴식이 필요하다. 하지만 그렇게 심각한 상황이 아니라면, 속도를 늦추더라도 계속하는 것이 더 효과적이다.

물리학에 '관성의 법칙'이 있다. 가만히 있는 물체는 그대로 있으려 하고, 움직이는 물체는 계속 움직이려는 성질이 있다. 슬럼프에 빠져 행동을 완전히 멈추면, 다시 시작하는 데 훨씬 더 많은 에너지가 필요하다. 반면, 속도를 늦추더라도 계속 움직이고 있다면 원래의 흐름을 되찾는 것이 훨씬 수월해진다.

오래달리기를 하다 보면 숨이 턱 끝까지 차고 극도의 고통을 느끼는 순간이 찾아온다. 이를 '사점Dead point'이라고 한다. 이 사점을 만나면 숨이 멎을 것 같은 극도의 고통을 느낀다. 이 순간이 오면 많은 사람이 멈추고 싶어 한다. 그런데 이 사점에서 멈추어 버리면 다리가 풀리거나 다시 딜리기 이겨워서 포기하는 경우가 많다.

그럴 땐 달리는 속도를 늦추고 계속 달리면 사점의 고비를 넘길 수 있다. 사점을 지나면 호흡이 안정되고 몸이 다시 적응하면서 편안한 상태로 돌아오게 된다. 이때 '세컨드 윈드Second Wind'를 경험할 수도 있다. 세컨드 윈드는 한계를 넘어서면서 다시 에너지가 솟구치는 현상이다.

슬럼프를 극복하는 과정도 이와 비슷하다. 슬럼프라는 사점에서 완전히 멈추는 것보다, 비록 속도를 늦추더라도 계속 나아가는 것이 중요하다. 이렇게 하면 관성을 유지할 수 있고, 슬럼프를 지나 다시 본래의 리듬을 찾는 것이 훨씬 쉬워진다.

슬럼프 기간에도 최소한의 활동을 유지하는 것은 심리적으로도 긍정적인 영향을 미친다. 작은 성취감을 통해 자신감을 회복하고, 다시 정상적인 페이스로 돌아갈 준비를 할 수 있다. 완전히 멈춘 상태에서 다시 시작하려면 엄청난 에너지가 필요하지만, 느리더라도 움직임을 유지하면 더 빠르게 슬럼프를 극복할 수 있다.

슬럼프를 극복하는 좋은 방법은 '완전히 멈추지 않는 것'이다. 속도를 조절하면서 꾸준히 나아가다 보면 어느 순간 슬럼프를 벗어나 한층 더 성장한 자신을 발견할 수 있을 것이다.

망하는 사람들이
꼭 하는 10가지

살다 보면 실패하거나 망하는 사람들을 종종 볼 수 있다. 그들에게는 공통된 행동 패턴이 존재한다. 이 패턴을 이해하고 인식하는 것은 내 실패를 예방하고 성공으로 나아가는 데 중요한 단서가 될 수 있다.

1) 자기 고집이 너무 강하다

자기 고집은 때로 추진력이 될 수 있지만, 변화와 성장을 가로막는 가장 큰 장벽이 되기도 한다. 자신의 생각이나 믿음에 지나치게 집착하면 다른 사람의 의견이나 새로운 정보를 받아들이지 않게 된다. 이런 사람들은 대개 자신이 옳다고 확신하며, 잘못된 길로 가고 있더라도 방향을 수정하려 하지 않는다. 예를 들어, 사업을 운영하는 사람이 시장 트렌드가 바뀌었음에도 불구하고 예전 방식만 고집하다가 결국 고객을 잃고 실패하는 경우를 종종 볼 수 있다.

노키아는 한때 세계 휴대폰 시장을 장악했으나, 스마트폰 시대에 접어들며 터치스크린과 앱 중심의 변화를 받아들이지 않고 기존 피처폰에 집착했다. 그 결과, 애플과 삼성에 밀려 시장에서 몰락했다. 이런 일은 개인에게도 나타난다. 전문가가 "너무 무리해서 투자하지 말라"고 충고했으나, 고집을 부리며 전 재산을 투자하다가 파산하는 경우도 자주 발생한다.

고집을 버리기 위해서는 열린 마음과 자기 성찰이 필요하다. '나도 틀릴 수 있다'는 마인드를 가져야 한다. 이를 위해서는 마음을 열고, 다른 사람의 의견을 받아들일 수 있는 유연한 사고가 필요하다.

2) 변화에 둔감하다

'변화에 둔감하다'는 것은 세상이 어떻게 돌아가는지, 트렌드가 어떻게 변하는지에 무관심하거나 이를 알아차리지 못하는 상태를 의미한다. 현대 사회는 기술, 경제, 문화 모든 면에서 빠르게 변화하고 있다. 이런 변화를 따라가지 못하면 뒤처지는 것은 시간 문제다.

예를 들어, 디지털 시대가 도래하며 종이 신문의 수요가 줄어들자 많은 신문사들은 온라인 플랫폼으로 전환했다. 하지만 변화에 둔감한 신문사들은 여전히 종이 신문에만 집중하다가 결국 문을 닫게 된다.

변화에 둔감한 사람들은 대개 "지금까지 이렇게 해왔는데 왜 바꾸냐"고 생각한다. 이는 안정감을 주지만, 동시에 새로운 기회를 놓치게 만든다. 세상은 정체되지 않고 끊임없이 변화하는데, 그 흐름을 무시하면 결국 도태될 수밖에 없다. 특히 직업 세계에서 이런 태도는 치명적이다. AI의 발전이 필수적으로 떠오르는데, "나는 원래 이런 거 못해"라며 배우기를 거부하면 경쟁력을 잃게 된다.

변화에 적응하려면 호기심과 학습 의지가 필요하다. 그러나 둔감한 사람들은 이러한 동기를 느끼지 못하고, 결국 스스로를 한계에 가두게 된다. 변화는 두렵지만, 더 두려운 것은 변하지 않으려는 자신이다.

3) 탓을 한다

남 탓을 하는 사람은 자신의 실패나 실수를 인정하지 않고, 책임을 외부로 돌리는 경향이 있다. "내가 실패한 건 상사가 날 도와주지 않아서야" 혹은 "경제가 안 좋아서 어쩔 수 없었어"같은 말이 이런 사람들의 전형적인 변명이다. 이 태도는 문제를 해결하려는 노력을 막고, 스스로 성장할 기회를 차단한다.

탓을 하는 행동은 심리적으로 방어 기제Defense mechanism와 연관이 있다. 누구나 실수를 인정하기 어려워한다. 하지만 실수를 인정하지 않고 문제를 외부 탓으로 돌리면 자기 반성이 불가능해진다. 예를 들어, 시험을 망친 학생이 "교수가 문제를 너무 어렵게 냈다"고 탓하며 자신의 노력 부족을 돌아보지 않으면, 다음 시험에서도 같은 결과가 반복될 뿐이다.

탓하는 습관은 주변 사람들과의 관계에 악영향을 미친다. 분명 나의 실수인데, 친구나 동료에게 "너 때문에 이렇게 됐다"고 탓하면 관계는 멀어질 수밖에 없다. 이런 사람은 점점 고립되고, 실패의 악순환에서 벗어나지 못한다.

4) 안주한다

안주한다는 것은 현재 상태에 만족하고 더 높은 목표를 추구하지 않는 태도를 말한다. "지금 이 정도면 괜찮아"라는 생각은 편안함을 주지만, 동시에 발전을 멈추게 만든다. 세상은 계속 앞으로 나아가는데, 한곳에 머무르면 뒤처지기 마련이다.

예를 들어, 한 직원이 회사에서 중간 정도의 성과를 내며 "이 정도면 충분해"라고 생각한다고 해보자. 그는 승진이나 새로운 기술 습득에 관심이 없고, 매일 같은 일을 반복한다. 그러나 회사가 구조조정을 하거나 더 높은 능력을 요구하면, 그는 정리해고 1순위가 될 수 있다. 반면, 끊임없이 자신을 발전시키는 사람은 기회가 왔을 때 이를 잡을 준비가 되어 있다.

안주하는 태도는 개인뿐만 아니라 조직에서도 나타난다. 한때 시장을 주도했던 코닥은 세계 최초의 디지털 카메라를 개발했지만, '우리는 필름을 파는 회사다'라는 안주함에 빠져 디지털 카메라 개발을 중단했다. 그 결과, 코닥은 시장에서 몰락했다.

안주하는 사람은 도전이나 불확실성을 두려워한다. 아이러니하게도, 안주함은 더 큰 위험을 초래한다. 실패하는 사람들은 이러한 위험을 인식하지 못하고, 현재의 안락함에 안주하며 미래를 준비하지 않는다.

5) 게으르다

게으름은 단순히 일을 미루는 것 이상으로, 삶에 대한 적극적인 태도가 없다는 것을 의미한다. 게으른 사람은 해야 할 일을 제때 하지 않고, 기회가 와도 행동으로 옮기지 않는다. "나중에 하지 뭐"라는 말은 그들의 대표적인 말버릇이다.

취업 준비생이 "오늘은 좀 피곤하니까 내일부터 이력서를 쓰자"라고 미루다 보면, 결국 마감일을 놓치고 기회를 잃는다. 사업가의 경우, 고객 요청에 늑장 대응을 하다가 신뢰를 잃고 경쟁자에게 밀린다. 게으름은 작은 습관처럼 보이지만, 시간이 쌓일수록 엄청난 손실을 가져온다.

심리학에서는 이를 '지연 행동procrastination'이라고 한다. 지연 행동은 해야 할 일을 알면서도, 중요도나 시급함과 상관없이 의도적으로 미루는 행동이다. 게으른 사람은 단기적인 편안함을 추구하며 장기적인 결과를 외면한다. 그러나 성공은 꾸준한 노력의 결과물이며, 게으름은 그 기반을 무너뜨린다.

게으름을 극복하려면 미루는 습관을 버려야 한다. 행동을 최대한 빨리 실천하는 습관을 기르고, 작은 목표라도 완료하면서 성취감을 느끼는 것이 중요하다.

6) 말만 번지르르하다

'말만 번지르르하다'는 실천 없이 그럴듯한 말로 자신을 포장하는 행동을 의미한다. 이런 사람들은 "내가 이거 하면 대박 날 거야"라고 큰소리치지만, 실제로는 행동으로 옮기지 않는다. 주변 사람들에게 화려한 말로 기대감을 주지만, 결과가 없으면 신뢰를 잃게 된다.

예를 들어, 창업을 꿈꾸는 사람이 "나는 글로벌 기업을 만들 거야"라고 말하며 투자자를 모으려 하지만, 구체적인 계획이나 실행이 없다면 결국 아무도 믿지 않는다. 직장에서도 "내가 이 프로젝트를 맡으면 혁신을 일으킬 거야"라고 떠들다가 성과를 내지 못하면 무능력자로 낙인찍힌다.

이런 행동은 자기 과대평가나 허세에서 비롯된다. 겉으로는 자신감이 넘쳐 보이지만, 속은 텅 비어 있는 경우가 많다. 망하는 사람들은 말로만 상황을 돌리려 하고, 실질적인 노력은 회피한다. 결국, 말만 앞선 사람은 공허한 껍데기로 남고, 사람들은 점차 멀어진다.

7) 일을 너무 벌린다

'일을 너무 벌린다'는 한 번에 너무 많은 일을 시작해 제대로 마무리하지 못하는 상태를 의미한다. 야심이 크고 에너지가 넘치는 것처럼 보이지만, 집중력과 우선순위 설정이 부족하면 모든 일이 엉망이 된다.

예를 들어, 사업가가 레스토랑, 온라인 쇼핑몰, 부동산을 동시에 시작했다고 가정해 보자. 자본과 시간이 분산되면 어느 하나도 제대로 관리할 수 없고, 결국 모두 실패하게 된다. 개인적인 삶에서도 마찬가지다. 취미, 공부, 운동을 한꺼번에 시작하다가 지쳐서 모두 포기하는 경우를 볼 수 있다.

일을 너무 벌리는 사람은 대개 현실적인 한계를 고려하지 않는다. "다 해낼 수 있다"는 과신이 문제다. 많은 일을 벌리면 에너지와 자원을 낭비하게 된다. 성공하려면 한 가지에 집중해 결과를 내는 것이 중요하다.

8) 약속을 밥 먹듯이 어긴다

약속을 지키지 않는 사람은 신뢰를 잃고, 결국 인간관계와 기회를 모두 놓친다. 약속은 크게 '말에 대한 약속'과 '시간에 대한 약속'으로 나눌 수 있다. 이 두 가지를 지키지 않으면 사람들과의 신뢰를 잃고, 결국 망하는 지름길로 가게 된다.

약속을 어기는 습관은 무책임과 깊은 연관이 있다. 단기적인 편리함만 추구하며 "이번 한 번쯤은 괜찮겠지"라고 합리화한다. 하지만 신뢰는 한 번 잃으면 회복하기 어렵다. 작은 약속이라도 어기면 그 파장이 예상보다 크다.

예를 들어, 프리랜서가 클라이언트에게 "금요일까지 작업물을 주겠다"고 약속하고, 연락도 없이 미룬다면 그 클라이언트는 다시는 일을 맡기지 않을 것이다. 친구 사이에서도 "돈 갚는다"고 해놓고 계속 어기면 관계가 틀어진다. 약속은 신뢰의 기본인데, 이를 가볍게 여기는 사람은 결국 고립된다.

약속을 계속 어기는 사람은 스스로를 망친다. 다른 사람과의 약속을 어기는 사람은 결국 자신과의 약속도 어기게 된다. 이렇게 되면 자기 신뢰가 무너지고, 목표를 향한 의지도 약해진다. 남과의 약속을 지키는 것과 나와의 약속을 지키는 것이 결국 성장을 이끈다.

9) 피드백을 하지 않는다

피드백을 하지 않는다는 것은 다른 사람의 의견이나 조언을 무시하거나, 자신의 행동을 돌아보지 않는 태도를 말한다. 피드백은 성장의 핵심이다. 피드백을 거부하면 발전이 멈춘다.

다이어트를 하는 사람이 "자세가 잘못됐다"거나 "식단을 조절해야 한다"는 피드백을 트레이너에게 받았다고 가정해 보자. 그러나 "내 방식이 편해"라고 무시하면 몸은 변하지 않는다. 운동은 자신과의 싸움이지만, 전문가의 조언을 무시하면 효과는 더디다. 지적을 고집으로 밀어내는 순간, 변화는 멈춘다.

피드백을 무시하는 사람은 자아도취나 방어적인 태도를 보인다. 자신의 약점을 인정하기 싫어하거나, 남의 말을 불필요한 간섭으로 여긴다. 피드백을 받을 때 기분이 나쁘거나 마음이 아플 수 있지만, 이를 받아들이지 않으면 늘 제자리에 머물게 된다.

10) 기본기를 무시한다

기본기를 무시하는 것은 근본 원칙이나 기초를 소홀히 하고, 겉으로 드러나는 결과만 쫓는 태도를 의미한다. 기본기가 없다면 아무리 큰 목표를 세워도 쉽게 무너지기 마련이다.

예를 들어, 요리사가 기본적인 칼실이나 양념 비율을 무시하고 화려한 플레이팅에만 신경 쓴다면 음식 맛은 좋아지지 않는다. 학생이 수학의 기초 연산을 건너뛰고 고급 문제를 풀려다 실패하는 경우도 마찬가지다. 기본기는 모든 성공의 토대이며, 이를 무시하면 오래가지 못한다.

기본기를 무시하는 사람은 대개 빠른 성과를 원한다. "기초부터 하면 너무 느려"라는 생각에 지름길이나 비법만을 찾지만, 이는 빠를 수는 있으나 어려운 문제가 생기거나 위기 상황에서는 결국 무너진다. 망하는 사람들은 이런 근본적인 진리를 잊고, 겉만 번지르르한 길을 택한다.

강철 멘탈을 만드는 6가지 방법

나는 원래 유리 멘탈이었다. 작은 일에도 쉽게 상처받고, 부정적인 말 한마디에 휘청거리곤 했다. 하지만 지금은 흔들리지 않는 강철 멘탈을 가지게 되었다. 다음 6가지 방법을 통해 멘탈을 강하게 만들 수 있었다.

1) 독서, 나를 다독이는 힘

나는 평생 독서를 하지 않았다. 만화책과 교과서를 제외하면, 책은 내 삶과 전혀 관계가 없었다. 하지만 2008년부터 책 100권 읽기를 시작했고, 지금은 매주 1~2권을 읽고 있다. 책에는 나에게 힘을 주는 문장과 이야기들이 가득했다. 이를 통해 내 목표와 꿈을 확립할 수 있었다. 지금은 매일 아침 6시 30분마다 독서 모임을 통해 30분씩 책을 읽으며 하루를 시작한다. 아침 독서는 멘탈을 굳건히 다지는 데에 도움이 된다.

독서는 감정을 다스리는 능력을 키운다. 나도 어떤 날은 쉬고 싶고, 하기 싫을 때가 있다. 하지만 책의 스토리와 글귀를 통해 성장에 대한 마음을 다잡곤 한다. 독서를 통해 나를 성찰하는 시간을 가지기도 한다. 책을 읽고 나의 생각을 기록하며, 그 생각을 글로 풀어내기도 한다. 이런 시간을 통해 나와의 대화를 나누게 된다.

독서는 인내심을 기르는 데에도 도움이 된다. 책 한 권을 다 읽는 것은 쉽지 않다. 하지만 그 과정에서 다른 일을 하지 않고 집중하면 인내심도 늘어난다. 책 한 권을 완독했을 때 느끼는 뿌듯함도 큰 보람이다.

멘탈을 강하게 하고 싶다면 독서를 시작하자. 독서는 단순히 지식을 늘리는 활동이 아니다. 독서를 통해 새로운 자극을 받고, 자신을 돌아볼 수 있는 기회를 얻는다. 하루 30분의 독서는 나를 다독이는 큰 힘이 된다.

2) 근거 있는 자신감 만들기

나는 2011년부터 본격적으로 블로그를 시작했다. 처음에는 내 블로그를 읽는 사람이 없었고, 반응도 미미했다. 그러나 나는 멈추지 않고, 꾸준히 글을 쌓아갔다. 시간이 흘러 2025년 5월 현재, 내 블로그에는 4,600개가 넘는 글이 쌓였다.

이 글들은 단순한 숫자가 아니다. 내가 흔들릴 때마다 다시 일어설 수 있는 근거이자, 나를 다잡는 강력한 힘이 되어 준다. 과거의 내가 해온 노력과 기록들을 보며, "이렇게 많은 글을 쌓아 올렸는데, 앞으로 못 할 일이 뭐가 있겠어?"라는 믿음이 생긴다.

2017년, 유튜브를 시작하며 멘탈이 엄청 흔들렸다. 영상을 꾸준히 만들었지만, 조회 수와 구독자 수는 쉽게 오르지 않았다. 기대만큼 성과가 나오지 않아 초조했다. 나도 모르게 다른 사람들과 나를 비교하며 큰 좌절감을 느꼈다.

그때 나를 붙잡아 준 것이 바로 블로그였다. "블로그도 처음엔 힘들었잖아! 지금은 이렇게 성장했어. 유튜브도 분명히 시간이 지나면 달라질 거야!"라며 스스로에게 용기를 주었다. 그 믿음을 바탕으로 꾸준히 유튜브에 영상을 올렸다. 지쳐도 기록을 남기고, 작은 성과라도 계속 쌓아갔다. 결과적으로 지금까지 800개 넘는 영상을 업로드했고, 목표했던 구독자 수 10만 명을 넘었다.

앞으로 또 다른 어려움과 마주할 때마다, 나는 블로그와 유튜브에 쌓인 기록을 보며 흔들리는 멘탈을 다잡을 것이다. 기록은 내가 지나온 길을 분명히 보여주고, 앞으로 나아갈 길에 대한 확신을 준다.

내가 하고 있는 일을 기록으로 남기자. 아무리 사소하고 작은 일이라도 괜찮다. 그 작은 기록들이 쌓이면, 흔들리지 않는 근거 있는 자신감이 된다. 기록된 성과가 쌓일수록 멘탈은 더욱 단단해지고, 새로운 도전을 마주할 때 더 강력한 힘이 된다.

지금 흔들리고 있다면, 먼저 기록을 시작해 보자.

3) 이 또한 지나간다.

2020년 코로나 팬데믹 동안, 나는 엄청난 시련과 역경을 겪었다. 당시 내 주업은 강의와 MC였지만, 하나둘씩 일정이 취소되었다. 강의와 진행으로 살아가던 내게 그것은 단순한 일정 취소가 아닌 삶의 근간이 흔들리는 순간이었다. 매일 새로운 취소 통보를 받았고, 수입은 끊기고 불안감만 커져 갔다. '이제 어떻게 살아가야 하나?'라는 질문이 머릿속을 떠나지 않았다. 그 어둠 속에서 문득 떠오른 말이 있었다.

"이 또한 지나가리라."

대 페르시아의 왕에게 현자가 선물한 반지에 새겨진 이 문구는 수천 년 동안 인류에게 위안을 주었다고 한다. 기쁨도, 슬픔도, 어떤 상황도 영원하지 않다는, 단순하지만 깊은 진리를 담고 있다.

이 말을 가슴에 새기며 나는 하루하루를 견뎌냈다. 온라인 강의를 시작했고, 영상을 제작해 강의를 판매하기도 했다. 당시 시간이 많아 유튜브 업로드에도 더 집중했다. 이전보다 못했지만 '코로나는 언젠가 지나간다'는 믿음으로 버텼다.

2023년, 쓰던 마스크를 모두 벗고 일상으로 돌아왔다. 유튜브를 통해 더 많은 강의 기회가 생겼고, 긴 어둠의 터널도 끝이 났다. "이 또한 지나가리라."라는 문장은 내 멘탈을 지탱하는 결정적인 역할을 했다.

지금 어떤 어려움 속에 있든, 그 시간이 아무리 견디기 힘든 순간이라도 기억하자.

'이 또한 지나갈 것이고, 그 후 성장이 따라온다.'

4) 가벼운 아령으로 근육을 키울 수 없다.

누구나 한 번쯤은 운동해 본 경험이 있을 것이다. 운동을 할 때, 가벼운 무게를 반복하는 것만으로는 근육이 크게 발달하지 않는다. 근육이 성장하려면 반드시 '자극'이 필요하며, 그 자극은 결국 '통증'을 동반한다.

운동 전문가들은 근육이 성장하기 위한 필수 조건으로 '근육의 미세 손상'을 꼽는다. 쉽게 말해, 근육이 찢어지는 현상을 의미한다. 아주 작은 근섬유들이 미세하게 손상된 후, 재생되는 과정에서 근육은 더 강해지고, 더 커진다.

여기서 중요한 개념이 '역치threshold'다. 역치란 특정 반응이나 효과가 나타나기 시작하는 최소한의 자극 강도를 말한다. 운동에서의 역치는, 근육이 더 이상 견디지 못해서 미세 손상이 일어나기 시작하는 강도를 말한다. 역치 이하의 자극은 몸이 쉽게 적응해버리기 때문에 근육의 성장이 크지 않다. 근육을 성장시키고자 한다면, 역치의 고통을 견뎌내야 한다.

목표와 꿈을 추구하는 과정에서도 많은 자극과 통증이 따른다. 더 성장하기 위해서는 '역치'가 필요하다. 편안한 상태에서 아무런 도전 없이 일상만 반복하면 성장할 수 없다. 오히려 시간이 지날수록 정체되거나 후퇴할 수 있다.

멘탈이 강한 사람들의 공통점은 '역치'를 힘들어했지만, 그 순간을 극복했다는 것이다. 여러 번 역치의 순간을 경험하고 이를 극복함으로써 실패의 순간마다 더 강해졌고, 한계는 점점 확장되었다. 그들은 이 순간을 이렇게 말한다.

"가벼운 아령으로 근육을 키울 수 없다. 힘듦은 나를 더 성장시킨다."

5) 규칙적인 운동으로 신체와 정신의 균형 맞추기

운동은 단순히 몸을 건강하게 만드는 활동이 아니다. 운동은 멘탈을 단련하는 현실적이고 강력한 방법 중 하나다. 신체를 단련하며 겪는 땀과 고통, 성취는 정신적 강인함으로 이어진다. 몸이 강해질수록 멘탈도 함께 단단해진다.

숨이 차고 다리가 아플 때, 포기하지 않고 끝까지 걸어가는 경험은 단순한 체력 훈련을 넘어선다. 이 작은 인내의 훈련은 일상에서의 스트레스와 시련을 견디는 힘으로 이어진다. 반복되는 육체적 한계 극복은 '나는 해낼 수 있다'는 자기 확신을 심어준다. 운동을 통해 어려움에 흔들리지 않는 멘탈을 단단하게 만들 수 있다.

운동은 뇌의 화학적 균형에도 긍정적인 영향을 미친다. 스트레스 호르몬인 코르티솔은 줄어들고, 엔도르핀, 세로토닌, 도파민과 같은 행복 호르몬이 증가한다. 이로 인해 기분이 좋아지고 불안과 우울감이 줄어든다. 실제로 많은 심리학 연구에서 운동이 우울증, 불면증, 불안 장애 등의 치료법으로 제시되고 있다.

운동은 자기 효능감을 향상시킨다. 운동을 통해 '작지만 해낼 수 있는 목표'를 설정하고 그것을 이루는 과정에서 자신감이 커진다. 처음에는 10분 걷기부터 시작해 점점 더 길게, 더 강하게 도전할 수 있게 된다. 운동은 '나는 해낼 수 있는 사람'이라는 긍정적인 자기 이미지를 형성한다.

격렬한 운동이 아니어도 괜찮다. 10분 스트레칭, 30분 산책, 간단한 요가처럼 자신의 체력과 상황에 맞는 활동을 꾸준히 실천하는 것이 핵심이다. 몸이 건강해지면 삶이 가벼워지고, 멘탈도 단단해진다. 운동은 인생을 지탱하는 든든한 기반이 된다.

6) 생각이 아닌 행동하는 상태 만들기

멘탈이 강한 사람들은 특별한 무기를 가진 것처럼 보인다. 하지만, 아주 단순한 원칙 하나를 지키고 있을 뿐이다. 바로 '지금 할 수 있는 어떤 행동이라도 실천에 옮긴다'는 것이다. 그들이 책을 읽거나, 가볍게 산책을 나가거나, 집을 청소하거나, 간단한 스트레칭을 하는 모습은 언뜻 보기에 사소해 보일 수 있다. 하지만 이런 작은 실천들이야말로 그들의 멘탈을 강하게 지켜주는 핵심 원동력이다.

"구르는 돌에는 이끼가 끼지 않는다"는 속담이 있다. 생각에만 멈춰 있으면 이끼(부정적인 생각)가 낀다. 걱정, 불안, 자책, 후회 같은 생각들이 마음속을 점령하게 된다. 부정적인 생각은 꼬리에 꼬리를 무는 악순환을 만든다. 부정적인 생각들이 가득차면 멘탈은 흔들리고 마음이 지친다.

반면, 멘탈이 강한 사람들은 행동으로 이 악순환의 고리를 끊어낸다. 몸을 움직여서 무언가를 하기 시작하면, 생각이 단순해지고 마음의 방향도 자연스럽게 바뀐다. 청소를 시작하면 눈앞이 정리되듯 머릿속도 정돈된다. 산책하다 보면 머릿속이 맑아지고 기분이 전환된다. 아주 작은 행동 하나가 멘탈 회복의 시발점이 되는 것이다.

운동도 마찬가지다. 많은 사람들이 "언젠가 운동해야지"라고 생각하며 좋은 운동복을 사고, 운동화를 준비하고, 유튜브 운동 영상을 즐겨찾기에 추가해 놓는다. 하지만 이 모든 준비는 실제로 운동화를 신고 밖으로 나서지 않으면 아무 의미가 없다. 마음을 다잡고 현관문을 열고 나서는 순간, 진정한 변화가 시작되는 것이다. 중요한 것은 거창한 목표나 완벽한 계획이 아니다. 오히려 "지금, 내가 할 수 있는 가장 작은 것"을 행동에 옮기는 태도다. 청소를 하든, 설거지를 하든, 잠깐 햇빛을 쬐며 바깥 공기를 마시든, 이 작은 움직임이 멘탈을 지켜주는 보호막이 된다.

행동을 시작하는 순간, 멘탈은 맑아진다. 계속해서 행동하면 생각이 바뀌고, 흔들리던 멘탈은 점점 강해진다.

하루라도 빨리 끊어야 할 만만해 보이는 8가지 습관

　자신도 모르게 형성된 습관 때문에 타인에게 만만하게 보이거나 본래의 능력보다 과소 평가받는 경우가 있다. '만만해 보이는 습관'은 단순히 타인의 평가 문제를 넘어 자신의 성장과 발전을 방해하는 요소로 작용한다.

1) 눈치 보는 습관
　사람들 사이에서 만만하게 보이는 습관 중 하나는 바로 '눈치 보는 습관'이다. 자신의 의견이나 생각을 표현하기 전에 타인의 반응을 고려해 말하거나 행동하는 것이다. 이 행동은 배려심이나 사회적 감수성으로 해석될 수 있지만, 과도한 눈치 보기는 결국 자신의 주체성을 잃게 만든다.

눈치 보는 습관을 극복하려면 무엇보다 자신의 의견을 명확히 하는 연습이 필요하다. 모든 상황에서 즉각적인 결정을 내릴 필요는 없지만, 중요한 문제에 대해서는 자신의 생각을 정리하고 이를 분명히 표현하는 능력을 기르는 것이 중요하다.

타인의 의견에 귀 기울이되, 맹목적으로 따르지 않는 균형 잡힌 태도를 갖추는 것이 중요하다. 다른 사람의 조언과 피드백은 귀중한 학습 자원이지만, 최종적인 결정은 자신의 판단에 따라야 한다.

2) 말끝을 흐리는 습관

말끝을 흐리는 습관은 자신의 의견이나 생각을 명확히 표현하지 않고 모호하게 끝내는 행동을 말한다. 이 습관은 자신감 부족, 거절이나 반대 의견에 대한 두려움, 또는 오랜 시간 동안 형성된 말하기 패턴에서 비롯될 수 있다.

말끝을 흐리는 사람은 대화 상대에게 자신감이 부족하고 약한 인상을 줄 수 있다. 특히 비즈니스 상황이나 중요한 대화에서 이러한 습관은 전문성과 신뢰성을 크게 손상시킨다. 아무리 좋은 아이디어나 의견이 있더라도, 명확하게 전달하지 못하면 그 가치를 제대로 인정받기 어렵다.

말끝을 명확하게 마무리하는 연습이 필요하다. 말하고자 하는 내용을 미리 정리하고, 중요한 대화나 회의 전에 핵심 메시지를 간략히 적어보고 말해 본다. 대화할 때는 문장을 끝까지 마무리하는 데 집중하고, 말의 속도를 조금 늦추며 목소리의 크기를 일정하게 유지하면서 끝까지 말하는 연습을 한다. 거울 앞에서 연습하거나 녹음하여 자신의 말하기 패턴을 객관적으로 관찰하는 것도 도움이 된다.

3) 선 넘어도 가만히 있는 습관

인간관계에서 '선'은 개인적인 경계의 기준을 의미한다. 이 선은 사람마다 다르며, 관계의 친밀도나 상황에 따라 유동적일 수 있다. 그러나 누군가가 이 선을 명백히 넘었을 때, 적절히 대응하지 않고 가만히 있는 습관은 자신을 만만하게 보이게 만드는 주요 원인이 된다.

선을 넘는 행동에 대응하기 위해서는 자신의 경계가 어디인지 명확히 인식하는 것이 중요하다. 어떤 말이나 행동이 나를 불편하게 만드는지, 어디까지가 용납 가능한 범위인지를 스스로 묻고 그 답을 찾아야 한다. 이는 자기 인식의 과정이며, 건강한 관계를 형성하는 기본이 된다.

경계를 설정할 때는 즉각적이고 명확하게 대응해야 한다. 상대방의 행동이 불편함을 느끼게 했다면, 그 자리에서 차분히 이야기하는 것이 좋다. 이때 중요한 것은 감정적으로 화를 내거나 공격적인 태도를 취하지 않는 것이다. 자신의 경계를 지키는 것이 이기적인 행동이 아니라는 점을 기억해야 한다. 건강한 경계 설정은 자기 존중의 표현이며, 장기적으로 더 건강하고 균형 잡힌 관계를 형성하는 데 필수적이다. 자신을 존중하는 사람만이 타인에게도 진정한 존중을 받을 수 있다.

4) 눈을 피하는 습관

눈 맞춤은 비언어적 커뮤니케이션의 핵심이다. 대화 중 상대방의 눈을 자연스럽게 바라보는 것은 자신감과 진정성을 나타내는 중요한 신호다. 반면, 지속적으로 눈을 피하는 습관은 불안감, 자신감 부족, 심지어 신뢰 부족으로 해석될 수 있다.

눈을 피하는 사람은 자신감이 부족하고 불안정한 인상으로 비춰질 수 있으며, 무언가 숨기고 있거나 정직하지 않다는 느낌을 줄 수 있다. 눈 맞춤을 피하면 상대방은 자신이 중요하게 여겨지지 않는다고 느낄 수 있다.

눈 맞춤을 피하는 습관을 개선하려면 단계적으로 접근해야 한다. 먼저, 친숙한 사람들과 대화하면서 시작해 보자. 가족이나 친한 친구와 이야기할 때 의식적으로 눈을 맞추는 연습을 한다. 이때 100% 눈을 맞추지 않고 자연스러운 눈 맞춤을 목표로 하자. 일반적으로 대화 중 70~80% 정도의 눈 맞춤이 적당하다.

눈 맞춤이 불편하다면 '삼각형 기법'을 시도해볼 수 있다. 이는 상대방의 양쪽 눈과 코 또는 입 사이를 번갈아 바라보는 방법이다. 이렇게 하면 한 곳만 응시하는 것보다 덜 부담스럽게 느껴질 수 있다. 거울을 통한 연습도 도움이 된다. 거울 앞에서 자신과 대화하듯 이야기하며 눈 맞춤을 유지하는 연습을 하자. 이는 자신의 표정과 눈빛을 객관적으로 관찰할 수 있는 기회를 준다.

5) 자꾸 자신을 깎아내리는 습관

많은 사람들이 겸손함을 표현하려고 자신을 깎아내리는 발언을 한다. "제가 할 줄 몰라서…", "제가 하면 다 그렇죠"와 같은 말은 겸손이 아닌 자기 비하에 가깝다. 이런 표현은 자신의 노력이나 능력을 인정하지 않고, 스스로의 가치를 낮추는 결과를 초래한다. 시간이 지나면 이 습관은 자존감 저하로 이어질 수 있으며, 주변 사람들도 당신을 만만하게 바라보게 된다.

이 습관을 고치려면 먼저 자신의 언어 습관을 인식하는 것이 중요하다. 하루 동안 자신이 어떤 방식으로 스스로를 표현하는지 관찰하고, 칭찬이나 인정을 받았을 때 어떻게 반응하는지 주목해야 한다. 이런 상황에서 자동적으로 자신을 깎아내리는 말이 나오지 않도록 주의하는 것이다.

> "제가 할 줄 몰라서…"
> →
> "배우는 중이지만, 최선을 다해 보겠습니다."
>
> "제가 하면 다 그렇죠"
> →
> "다음에는 더 잘할 수 있을 것 같습니다."

이 표현들은 상황을 부정하지 않으면서도 자신의 가치를 지키는 방법이다. 겸손함을 유지하면서도 자신감을 보여주는 균형 잡힌 표현을 사용하는 것이 중요하다.

6) 'Yes맨'이 되는 습관

다른 사람의 부탁에 항상 '예'라고 대답하는 것은 얼핏 보면 친절하고 협조적인 모습처럼 보인다. 그러나 이 습관은 장기적으로 자신의 시간과 에너지를 고갈시키고, 자칫하면 다른 사람에게 굉장히 다루기 쉬운 존재로 취급받을 수 있다.

'Yes&No 화법'은 거절할 때 유용한 방법이다. 이 화법은 긍정적인 메시지로 시작하여 부정적인 내용을 전달한 뒤, 다시 긍정적인 메시지로 마무리하는 방식이다. 이렇게 하면 상대방의 감정을 배려하면서도 자신의 입장을 명확히 전달할 수 있다.

예를 들어, "제안해 주셔서 감사합니다(Yes). 그러나 현재 진행 중인 프로젝트로 인해 참여가 어렵습니다(No). 다음 기회에 함께 일할 수 있기를 바랍니다(Yes)."와 같이 표현할 수 있다.

즉각적인 결정을 내리기 어려운 상황에서는 시간을 요청하는 것도 좋은 방법이다. "지금 바로 대답하기 어려운 상황이라, 생각을 조금 더 해본 후 연락드려도 괜찮겠습니까?"와 같이 요청하면, 상대방의 요구를 더 깊이 이해하고 자신의 일정과 우선순위를 고려할 여유가 생긴다. 시간이 지나면 감정적인 반응 대신 이성적인 판단을 내리게 되며, 이는 후회를 줄이고 더 명확한 답변을 할 수 있게 도와준다.

7) 계속 도움을 구걸하는 습관

도움 요청은 인간관계에서 중요한 요소다. 하지만 지나치게 자주 도움을 요청하는 습관은 의지 부족이나 능력 부족으로 비춰질 수 있다. 이런 행동은 상대방에게 자신이 문제를 스스로 해결할 의지가 없다는 인상을 주며, 장기적으로는 의존적인 사람이라는 이미지를 심어줄 수 있다.

도움을 요청하기 전에 먼저 스스로 문제를 해결하려는 노력이 필요하다. 처음부터 의존하기보다는 몇 번 시도해보고 실패한 후에 도움을 요청하는 것이 좋다. 이렇게 하면 상대방도 "이 사람은 스스로 해결하려고 노력했지만, 정말 어려운 상황이라 도움을 요청한 것"이라고 느끼게 된다.

도움을 청할 때는 명확한 질문을 준비하는 것이 중요하다. 무엇을 알고 싶은지, 어떤 부분에서 도움이 필요한지를 분명히 해야 한다. 이렇게 하면 도움을 주는 사람도 더 효과적으로 지원할 수 있다.

도움을 받은 후에는 반드시 감사의 마음을 표현해야 한다. 단순히 "고맙습니다"라고 말하는 것을 넘어, "덕분에 많은 도움이 됐습니다. 정말 감사합니다"와 같이 구체적으로 감사의 마음을 전하는 것이 중요하다. 이처럼 받은 도움을 바탕으로 문제를 해결한 결과를 공유하는 것도 중요하다. 이를 통해 신뢰와 존중을 전달하며, 상대방이 다음에도 기꺼이 도움을 주고 싶어 하는 긍정적인 관계를 형성할 수 있다.

8) 자주 핑계를 대는 습관

핑계를 대는 습관은 책임을 회피하려는 태도로 비춰질 수 있다. 이는 단순히 신뢰를 떨어뜨리는 것을 넘어시, 주변 사람들에게 무책임한 인상을 주고 만만하게 보이게 만든다. 자주 핑계를 대는 사람은 반복적으로 그들의 말을 진지하게 받아들이지 않게 되며, 중요한 순간에도 신뢰를 얻지 못할 위험이 커진다.

핑계는 단기적으로 자신을 방어하는 데 유용해 보일 수 있지만, 장기적으로는 스스로를 무력하게 만든다. "시간이 없어서 못했어요", "상황이 안 좋아서 어쩔 수 없었어요" 등의 말은 자신의 능력 부족이나 노력 부족을 숨기려는 변명처럼 들린다. 이 행동이 반복되면, 점점 상황 탓만 하게 되고 의존적인 태도가 강해질 가능성이 높다.

    핑계를 줄이려면 먼저 자신의 행동에 책임을 지는 습관을 기르는 것이 중요하다. 일이 잘못되었을 때는 솔직하게 실수를 인정하고, 개선할 방법을 제시해야 한다. 예를 들어, "제가 준비가 부족했습니다. 다음에는 더 철저히 준비하겠습니다"라고 말하는 것은 핑계를 대는 대신 책임감을 보여주는 좋은 방법이다.

    또한, 핑계 대신 구체적인 행동 계획을 세우는 것이 중요하다. 단순히 "다음에는 잘하겠습니다"라고 말하는 것에 그치지 않고, "다음에는 시간을 더 효율적으로 관리하겠습니다"와 같은 구체적인 다짐을 표현해야 한다. 이는 문제 해결에 대한 의지를 보여줄 뿐만 아니라, 자신의 성장 가능성도 어필할 수 있다.

    결국 말이 아닌 행동으로 증명해야 한다. 핑계를 줄이고 책임 있는 행동을 실천함으로써 신뢰와 존중을 얻고, 더 성숙한 인간관계와 성장을 이룰 수 있다.

매일 아침마다 말하면 행운이 생기는 10가지 말

성장하는 사람들은 공통적으로 '아침'을 중요하게 여긴다. 그들은 하루를 시작할 때 자신에게 긍정적인 말을 건네는 특별한 습관을 갖고 있다. 이를 '긍정 확언'이라고 한다.

매일 아침, 자신에게 긍정적인 메시지를 주입하는 것은 단순한 긍정 그 이상의 효과를 가져온다. 이는 뇌와 행동에 강력한 영향을 미친다. 뇌는 반복적으로 들은 말을 현실로 받아들이고, 그에 따라 행동과 감정이 형성된다. 이처럼 매일 아침 자신에게 건네는 말이 결국 인생을 변화시킨다.

1. "오늘은 좋은 일이 일어난다."

이 문장은 하루의 기대치를 설정하는 가장 단순하면서도 강력한 확언이다. 하루가 시작되기도 전에 "좋은 일이 생길 거야"라고 자신에게 말하는 순간, 뇌는 그 기대를 실현하기 위해 안테나를 세운다.

실제로 긍정적인 사고를 가진 사람은 같은 상황에서도 '기회'를 발견하는 반면, 부정적인 사람은 '문제'만을 본다. 예를 들어, 직장에서 갑작스럽게 회의 발표를 맡게 되었을 때, 이를 문제로 받아들이면 "왜 나한테 이런 걸 시켜?"라며 부담감과 스트레스를 느끼게 된다. 반면, 이를 '기회'로 받아들이는 사람은 "내가 성장할 수 있는 기회네. 나를 더 알릴 수 있겠어"라고 생각할 수 있다.

"오늘은 좋은 일이 일어난다"는 문장은 같은 상황 속에서 시각을 달리하게 해준다. 오늘을 행운의 날로 만들기를 바란다.

2) "나는 정말 잘하고 있다."

이 문장은 자기 자신을 인정하는 힘이다. 사람들은 하루에도 수없이 자기 자신을 깎아내리는 말을 한다. "왜 이렇게 못하지?", "난 왜 이 모양일까?"라는 말은 무의식 속에 쌓여 결국 자기 스스로를 파괴한다. 반대로 "나는 정말 잘하고 있어"라는 말은 뇌에게 긍정적인 피드백을 주고, 계속해서 더 나은 행동을 하게 만든다.

심리학자 마틴 셀리그만의 연구에 따르면, 자신의 강점을 인식하고 칭찬하는 사람들은 더 높은 행복감과 성취감을 경험한다. 이는 '학습된 낙관주의'의 핵심 요소로, 역경을 극복하는 능력을 키우는 데 도움이 된다.

"나는 정말 잘하고 있다"고 자신의 노력을 인정하자. 자기 인정은 외부의 인정보다 강력하다.

3) "어제보다 더 성장하고 있다."

이 말은 비교의 대상을 타인이 아닌 '과거의 나'로 바꾸는 데 중요한 역할을 한다. 타인과의 비교는 열등감을 만든다. 하지만 어제의 나와의 비교는 성장을 낳는다. 이 말은 자신은 고정되어 있지 않고, 성장한다는 뜻이 내포되어 있다. 스탠포드 대학의 캐럴 드웩 교수는 사람들이 자신의 능력을 고정된 것이 아닌 발전 가능한 것으로 볼 때 더 많은 성취를 이룬다는 것을 발견했다.

이 확언은 매일의 작은 발전을 인식하고 스스로를 격려한다. 이 말은 큰 성공만을 기다리게 하시 않고 일상의 작은 성장에도 가치를 두게 만든다. 스스로 지속적인 학습과 개선의 동기를 부여한다. 하루에 책 1페이지라도 읽었다면, 운동을 10분이라도 했다면, 오늘 더 일찍 일어났다면, 성장하고 있는 것이다.

"어제보다 더 성장하고 있다"라는 문장을 반복하자. 이 문장을 동력 삼아 작은 성장에 집중하다 보면 큰 성장도 이룰 수 있을 것이다.

4) "모든 문제는 해결 방법이 있다."

문제는 누구에게나 존재한다. 중요한 것은 그 문제를 어떻게 바라보느냐에 달려 있다. 이 말은 단순한 위로가 아니라, 뇌가 해결을 중심으로 작동하게 만드는 강력한 도구다. 뇌는 긍정적인 사고와 미래 지향적인 태도에 반응하며, 이를 통해 해결책을 찾아내는 능력을 발휘한다.

결국 "모든 문제에는 해결 방법이 있다"는 말은 단순한 격려가 아니라, 사고방식을 변화시키고 행동을 유도하는 강력한 메시지이다. 이 말은 두려움을 확신으로 바꾸고, 긍정적인 에너지를 통해 더 나은 미래를 만들어가는 데 도움을 준다. 문제가 없는 삶은 불가능하지만, 문제를 바라보는 관점과 태도를 바꾸면 어떤 어려움도 극복할 수 있는 힘을 얻는다.

5) "나는 건강하고 활기차다."

이 말은 몸에 영향을 주고 몸은 생각을 다시 만들어낸다. "아, 피곤해", "오늘도 체력이 없다"는 말을 반복하면 실제로 더 무기력해지고 피로를 더 느끼게 된다. 반대로 "나는 건강하고 활기차다"는 말은 뇌에 '에너지'를 주입한다. 뇌는 이 말을 사실로 믿고, 몸도 그에 따라 반응하기 시작한다.

건강은 단지 신체 상태만이 아니라, 마음과 연결된 상태다. 아침마다 스스로에게 파이팅을 불어넣어주자. 그 말은 진짜 활력이 되어 돌아온다. 아침에 스트레칭이나 가벼운 운동을 하며 이 말을 반복하면 된다. 피곤하거나 지칠 때도 활기찬 모습을 상상하며 이 문장을 반복한다.

6) "나는 언제나 배우고 성장한다."

이 문장은 실수나 실패를 두려워하지 않도록 만든다. 세상은 끊임없이 변화하고 있으며, 이에 적응하고 발전하려면 배우고 성장하는 자세가 필요하다. '나는 언제나 배우고 성장한다'고 스스로 다짐하는 것은 새로운 지식과 기술을 습득하는 데 긍정적인 태도를 가지게 한다. 변화를 두려워하기보다는 이를 성장의 기회로 받아들이게 된다.

"나는 항상 배우고 있다"고 마음속으로 되뇌면, 실패도 학습의 일부로 받아들일 수 있다. 배움의 자세를 가진 사람은 도전에 직면했을 때 두려워하지 않는다. 매일 이 말을 반복하면, 더 많은 것을 배우고 성장하는 존재로 거듭날 수 있다.

7) "내 주변의 사람들이 나를 응원한다."

사람은 사회적 동물이다. 혼자 살아가는 것처럼 느껴지지만, 우리는 관계 속에서 살아간다. "나는 사랑받고 있다", "사람들이 나를 지지한다"고 믿는 사람은 실제로 더 많은 지지와 응원을 받는다. 반대로 "나는 혼자야", "세상은 나를 돕지 않아"라고 생각하면 점점 외로워지고, 도움을 받을 기회마저 놓치게 된다.

이 문장은 외로움을 느낄 때 큰 위로가 될 뿐만 아니라, 관계 속에서 긍정적인 에너지를 끌어내는 데 도움을 준다.

8) "오늘도 나를 믿는다."

세상에서 가장 강력한 믿음은 바로 '자기 자신에 대한 믿음'이다. "나는 할 수 있어", "나는 해낼 거야"라는 말은 단순히 기분을 좋게 만드는 것이 아니다. 실제로 뇌는 자신감이 있을 때 더 좋은 결과를 만들어낸다. 매일 아침 스스로에게 자신을 믿는다고 말하면, 스스로를 의심하는 대신, 선택과 행동에서 더 과감하고 능동적으로 변한다. 자존감은 '자신을 믿는 말'에서부터 시작된다.

9) "행운이 가득한 하루다."

아침에 "행운이 가득한 하루"라고 선언하면, 마음속에서 그날을 특별하고 긍정적인 날로 설정하게 된다. 행운은 때로 거창한 사건이 아니라, 작은 순간들 속에 숨어 있다. 예를 들어, 버스를 놓치지 않은 것, 좋아하는 노래가 라디오에서 흘러나오는 것, 혹은 누군가의 미소에서 느껴지는 따뜻함 등이 그 예이다. 이 말을 반복하면, 뇌는 무의식적으로 행운을 찾는 안테나를 세우게 되어, 평소엔 지나쳤을 소소한 기쁨들을 발견할 수 있게 된다. "행운이 가득한 하루다"라는 확언은 부정적인 것 대신 긍정적인 것에 초점을 맞추며, 하루를 더욱 풍요롭고 의미 있게 만든다.

10) "내 꿈은 이뤄진다."

이 문장은 꿈을 현실로 끌어오는 강력한 다리 역할을 한다. 꿈은 단순히 머릿속에 떠도는 생각이 아니라, 말로 선언하고 믿을 때 비로소 힘을 얻는다. 이 말을 반복함으로써 꿈은 막연한 희망에서 구체적인 목표로 바뀌며, 행동으로 이어지는 동기를 부여한다.

작가가 되고 싶은 사람은 이 말을 반복하면서 글을 쓰는 습관을 들일 수 있고, 건강해지고 싶은 사람은 운동을 시작할 용기를 얻는다. 심리학자 앨버트 반두라의 연구에 따르면, 자신이 목표를 이룰 수 있다고 믿는 사람은 실제로 그 목표를 달성할 가능성이 높아진다고 한다. "내 꿈은 이뤄진다"는 문장은 단지 긍정적인 기분을 주는 데 그치지 않고, 꿈을 향한 첫걸음을 내딛게 하는 원동력이 된다.

Part 6.
아가리가 아닌 결과로 말하기
: 성장

중도 포기하는 사람들의
5가지 특징

    시작은 누구나 한다. 하지만 약 90%의 사람은 중간에 포기한다. 성공과 실패의 가장 큰 차이는 끝까지 해내느냐, 아니면 중간에 포기하느냐에 달려 있다. 많은 사람들이 처음에는 열정을 가지고 시작하지만, 얼마 지나지 않아 포기한다. 그렇다면 어떤 사람들은 목표를 향해 끝까지 나아가고, 어떤 사람들은 중간에 포기할까? 중도 포기하는 사람들에게는 공통점이 있다.

    1. 진정한 이유 없이 행동한다.

중간에 쉽게 포기하는 사람들은 무언가를 시작할 때 그 일이 왜 중요한지, 자신에게 어떤 의미가 있는지 깊이 고민하지 않는다. 단순히 유행이라서, 또는 남들이 하니까 따라서 하면 목표를 지속하기 어렵다. 예를 들어, '남들이 유튜브를 하니까 한번 해 본다.' '주위 사람들이 다이어트를 하니까 따라서 시작했다.' 등 자신만의 특별한 이유 없이 그 일을 하는 경우다.

이렇게 자신의 가치를 반영한 목표가 아니면 쉽게 중도 포기하게 된다. 엄마가 시켜서 공부하는 학생은 중간에 포기할 확률이 높다. 내면에서 우러나오는 동기와 자발성이 부족하기 때문이다. 내가 아닌 다른 사람이 시켜서 하는 것은 '진정한 이유'가 아니다.

진정한 이유는 나무의 뿌리와 같다. 비바람이 아무리 몰아쳐도 뿌리(이유)가 굳건하면, 흔들림 없이 그 자리에 계속 서 있을 수 있다. 뿌리(이유)가 없거나 약하면 비바람에 뽑히거나 가뭄에 말라 죽어버리고 만다. 그 일이나 목표를 실행하는 '진정한 이유'를 찾자. 바로 그 이유가 흔들릴 때마나 당신을 잡아주고, 목표를 계속하게 해 주는 힘이 된다.

2. 즉각적인 성과를 기대한다.

'빠른 성공'을 원하는 사람들이 많다. 현대 사회는 인터넷 검색 한 번으로 원하는 정보를 즉시 얻고, 당일 배송으로 물건을 받으며, SNS를 통해 즉각적인 피드백을 받는다. 이런 환경 속에서 사람들은 삶의 모든 영역에서도 '빠른 성공'을 기대하게 된다. 그래서 어떤 목표를 세우고 시작할 때 단기간에 성과가 보이지 않으면 쉽게 실망하고 포기하는 경우가 많다. 다이어트를 시작한 사람이 일주일 안에 체중 변화가 없다고 낙담하거나, 유튜브 채널을 운영한 지 한 달 만에 구독자가 늘지 않는다고 포기하는 경우가 그 예다.

그러나 의미 있는 성취를 이루기 위해서는 시간이 필요하며, 인내와 꾸준함이 필수다. 실질적인 변화는 단기간이 아닌 장기적인 노력 속에서 이루어진다. 단기 성과에만 집착하면 깊이 있는 성장보다는 눈앞의 성취에만 몰두하게 되고, 결국 진정한 실력 향상이나 내면의 성장을 놓치게 된다. 시험을 앞둔 학생이 단기간에 점수를 올리기 위해 단순 암기에 의존하는 경우, 시험이 끝난 뒤 금세 잊어버리는 것도 이런 이유 때문이다. 반면, 개념을 깊이 이해하고 장기적으로 학습한 경우, 비록 즉각적인 성과는 보이지 않더라도 시간이 지남에 따라 탄탄한 실력이 쌓이게 된다.

3. 작은 실패에도 낙담한다.

어떤 일이든 중간에 포기하는 사람들은 실패를 극도로 두려워하는 경향이 있다. 실패를 과정의 일부로 받아들이지 못하고, 한 번의 실패를 곧 좌절로 연결시킨다. 이처럼 실패에 지나치게 민감하게 반응하는 사람들은 작은 실수에도 쉽게 무너진다. 시험에서 문제 하나를 틀렸다고 자책하거나, 업무에서 작은 실수를 했다고 며칠 동안 마음에 담아두며 괴로워하는 경우가 대표적이다.

작은 실패에 낙담하는 사람들은 실패를 성장과 발전의 기회로 바라보는 시각이 부족하다. 실패를 성장의 발판으로 삼지 못하고, 실패 자체를 부끄러운 일로 여기며 감추려고 한다. 이들은 실패가 반복되면, 마치 자신의 존재가 무의미하고 능력이 없는 것처럼 느낀다. 이러한 감정은 결국 무력감과 우울감으로 이어질 수 있다.

작은 실패에 낙담하는 사람들은 실패에 대한 올바른 접근법을 가지는 것이 무엇보다 중요하다. 실패는 좌절이 아니라 소중한 경험이며, 성공으로 가는 징검다리라는 인식 전환이 필요하다. 한 번의 작은 실패를 크게 확대해서 자신을 평가해선 안 된다. 실패는 끝이 아니라 과정이며, 반드시 배움의 기회로 삼아야 한다.

성공자와 실패자의 차이는 실패를 바라보는 태도에서 길린다. 둘 다 실패를 경험했다는 점은 같다. 오히려 성공한 사람들은 더 많은 실패를 겪었다. 그러나 성공한 사람들은 실패를 배움의 디딤돌로 삼아 앞으로 나아갔고, 실패한 사람들은 실패를 멈추게 하는 걸림돌로 받아들였다.

4. 자기 의심을 자주한다.

많은 사람이 처음 일을 시작할 때는 설렘과 자신감으로 가득 차 있다. 처음에는 마치 어떤 어려움도 이겨낼 수 있을 것 같고, 원하는 목표를 손쉽게 달성할 수 있을 것만 같다. 하지만 시간이 흘러 현실의 장벽에 부딪히기 시작하면, 점차 자기 의심이 자라난다. 작은 실패를 겪거나 힘들 때마다 '내가 정말 할 수 있을까?'라는 의문이 싹트는 것이다.

더 큰 문제는, 자신을 믿지 못하게 되면서 새로운 시도를 두려워하게 된다는 점이다. '시도해 봤자 어차피 실패할 거야'라는 생각에 빠져 아예 행동조차 하지 않으려고 한다. 이렇게 자기 의심이 깊어지면, 어떤 도전 앞에서도 결말을 실패로 정해놓고 시작하게 된다. 이는 자신의 발전과 성장을 스스로 차단하는 무기력증으로 이어진다.

자기 의심을 극복하려면, 자신을 긍정적으로 바라보는 연습이 필요하다. 타인과 비교하기보다는 과거의 나와 비교하고, 작은 성공이라도 스스로의 노력으로 이뤄낸 결과임을 인정해야 한다. 그리고 그 성과들을 기록하는 습관은 자신감을 쌓는 데 큰 도움이 된다. '나는 할 수 있다'는 긍정적인 믿음을 키우는 것이 무엇보다 중요하다. 이 과정을 나를 응원하고 지지해주는 사람들과 함께하면 훨씬 더 큰 힘을 얻을 수 있다.

"난 할 수 있다", "난 해낸다", "지금까지 잘해 왔다"라고 자신에게 용기와 응원의 메시지를 반복해서 보내자. 지금 당장은 믿기 어려워도, 계속 반복하다 보면 결국 자신의 능력을 믿게 될 것이다. 자신을 믿게 되면 행동을 지속할 수 있고, 목표는 불가능에서 가능으로 바뀌며, 꿈은 현실이 될 것이다.

5. 타인과 자주 비교한다.

유튜브를 시작한 지 1년이 되었을 때, 내 채널의 구독자는 500명에 불과했다. 그런데 나와 비슷한 시기에 시작한 유튜버들 중에는 벌써 구독자 1만 명을 넘긴 사람들도 있었다. 심지어 내가 그들보다 더 많은 영상을 올렸음에도 결과는 오히려 뒤처져 있었다. 나는 그들이 부러웠고, 어느새 스스로를 그들과 비교하며 라이벌 의식을 느끼기 시작했다. 영상을 올릴 때마다 스스로가 더 초라하게 느껴졌고, '나는 유튜브에 재능이 없나 봐'라는 생각에 자주 사로잡혔다. 포기하고 싶은 마음에 업로드를 쉬는 일도 잦아졌다.

3년이 지나 내 구독자는 1만 5천 명이 되었지만, 라이벌들은 여전히 나보다 앞서 있었다. 그때도 나는 다른 유튜버들과 자신을 비교하며 우울해했고, 알고리즘에 선택받지 못한 운 없는 사람이라고 스스로를 탓했다.

그러던 어느 날, 스마트폰에 '3년 전 오늘'이라는 알람이 떴다. 무심코 눌러본 캡처 사진 속에는 3년 전 당시 구독자 500명이 찍혀 있었다. 현재의 1만 5천 명은 3년 전보다 30배 증가한 수치였다. 그렇게 생각하니, 엄청난 성장이었다. 짧은 순간이었지만, 그 순간이 내 생각을 바꾸는 계기가 되었다.

'그래, 남보다 느릴지 몰라도, 3년 전의 나보다는 좋아졌어.'라고 비교의 대상이 타인이 아닌 과거의 나로 바뀐 것이다. 그 후로는 다른 사람과의 비교를 최대한 줄이고, 오로지 과거의 나와 비교했다. 또한 기념할 만한 구독자 수는 그때그때 기록으로 남기는 습관을 들였다. 그렇게 2년이 더 지난 어느 날, 드디어 10만 구독자를 돌파하게 되었다.

현대 사회는 비교로 가득한 시대다. SNS를 통해 우리는 타인의 화려한 일상, 성공 스토리, 아름다운 외모와 뛰어난 재능을 끊임없이 마주하게 된다. 그러다 보니 자신과 타인을 비교하는 습관이 자연스럽게 자리 잡게 되고, 부정적인 감정이 커지면서 결국 중도 포기하게 되는 것이다. 그러나 우리는 다른 사람이 아닌, 오직 과거의 나와 비교해야 한다. 진정한 목표를 이루는 힘은 타인과의 경쟁이 아니라, 어제의 나를 이겨내는 데서 나온다.

지금부터 쌓으면
복리로 돌아오는 8가지

인생은 거대한 복리 투자와 같다. 작고 미미해 보이는 일상의 선택들이 시간이 지날수록 예상치 못한 놀라운 결과를 만들어낸다. 작은 씨앗이 자라 거대한 나무가 되듯, 지금 시작하는 사소한 습관들이 나이가 들수록 차곡차곡 쌓여 결국 성장의 잠재력을 드러낸다.

1) 나쁜 음식 안 먹기

일반적으로 '나쁜 음식'이라고 불리는 것들이 있다. 이는 건강에 해로운 성분이 포함되어 있거나, 조리 과정 자체가 신체에 해로울 수 있는 음식들이다. 나는 이 나쁜 음식을 외우기 쉽게 7글자로 정리했다.

'설밀나튀술담탄'(설탕, 밀가루, 나트륨, 튀김, 술, 담배, 탄 음식)

이 음식은 피해야 할 음식들이다. 한때는 나도 이런 음식들을 좋아하고 즐겼다. 나쁜 음식들은 순간적으로는 기분을 좋게 하지만, 몸무게와 복부지방을 늘려 신체를 망가뜨린다. 이런 음식이 몸에 축적되면, 지방간, 당뇨, 고혈압, 고지혈증, 통풍, 암 등으로 병으로 이어진다.

특히 설탕과 밀가루는 많은 가공식품에 포함되어 있는데, 과도하게 섭취하면 당뇨병, 비만, 고지혈증, 심장 질환 등의 위험성을 높인다. 나트륨(소금) 과잉 섭취 역시 고혈압 등 심혈관 질환의 리스크를 높이고, 체내 수분 배출 균형을 깨뜨린다. 그리고 튀긴 음식은 고온에서 조리된 식용유로 인해 나쁜 지방이 생성되기 쉬워, 과다 섭취 시 동맥경화와 비만의 직접적인 원인이 될 수 있다. 또한 탄 음식은 발암물질이 생길 가능성이 높아 주의가 필요하다.

20대에는 면역력과 대사 능력이 좋아 건강에 큰 문제가 없다고 느낄 수 있다. 하지만 나쁜 식습관이 누적되면, 30대 후반이나 40대 이후부터 서서히 건강에 악영향이 나타나기 시작한다. 단기적으로는 건강검진 수치가 정상일 수 있지만, 장기적으로는 각종 질병의 위험이 급격히 높아질 수 있다.

일주일간 식단을 기록해 보고, 그중에서 나쁜 음식이 얼마나 차지하는지 확인해 보자. 한 번에 완전히 끊기보다, '일주일에 두 번 먹던 튀김을 한 번으로 줄이기'같이 작은 목표를 설정하는 것이 좋다. 탄산음료 대신 탄산수, 설탕이나 시럽이 들어간 커피 대신 아메리카노 등으로 대체 습관을 들일 수 있다.

2) 독서

"독서는 아무도 빼앗아 갈 수 없다"라는 말이 있다. 지식과 사고력은 물질과 달리 사라지지 않고, 시간이 지날수록 더욱 깊어진다. 책을 읽으면 단순히 지식이 많아지는 것이 아니라, 사고방식과 인사이트, 세계관이 넓어지고 다양한 문제 상황에서 새로운 관점을 제시해 주는 힘을 준다. 하루라도 빨리 독서를 습관화해야 하는 이유는, 바로 이런 '확장된 시각'을 갖기 위해서다.

독서라고 해서 반드시 전공 서적이나 난해한 고전을 읽어야만 하는 것은 아니다. 소설, 에세이, 자기계발서, 인문학, 경제경영, 과학 등 다양한 분야를 접하다 보면, 서로 다른 지식과 통찰이 융합되며 폭발적인 시너지를 만들어낸다. 소설은 인간관계와 감정에 대한 이해를 깊게 해주고, 역사서는 과거의 성공과 실패 사례에서 통찰을 얻는 데 도움이 된다. 또한 경제나 경영 서적은 시대의 흐름과 돈의 방향을 읽는 안목을 키워준다.

대부분의 사람들은 '독서할 시간이 없다'라고 말한다. 하지만 하루에 단 30분씩만 책을 읽는다면, 1년 동안 얼마나 많은 책을 읽을 수 있을까? 일반적으로 30분이면 20~30쪽 정도를 읽을 수 있다. 이렇게 계산하면, 일주일에 약 170쪽, 즉 책 반 권 정도를 읽게 되고, 2주면 한 권, 한 달이면 두 권의 책을 읽을 수 있다. 1년이면 무려 24권을 완독할 수 있는 셈이다.

출퇴근길 지하철 안, 아침 식사 후, 혹은 자기 전과 같이 일정한 시간과 장소를 정해두면 독서를 습관화하기 쉬워진다. 나 역시 현재 평일 오전 6시 30분에 독서 모임을 운영하며 매일 책을 읽고 있다. 혼자 읽는 것이 지루하다면 온라인 독서 커뮤니티를 활용하는 것도 좋은 방법이다. 함께 읽고 공유하면 집중력이 높아지고, 독서가 자연스럽게 루틴으로 자리 잡는다. 또한 스마트폰이나 태블릿을 활용해 전자책 라이브러리를 구성해두면, 언제 어디서나 손쉽게 책을 읽을 수 있다.

3) 글쓰기

독서가 지적 투자에서 인풋(Input)이라면, 글쓰기는 그 내용을 정제하고 체득하는 아웃풋(Output)이다. 책을 읽거나 강의를 듣거나 영상을 통해 지식을 얻어도, 머릿속에 오래 남으려면 한 번 더 자기만의 언어로 재구성하는 과정이 필요하다. 바로 그 과정이 '글쓰기'다.

자신이 직접 작성한 글을 반복해 읽고 다듬다 보면, 지식이 장기 기억에 깊이 각인된다. 때로는 그 글을 다른 사람들과 공유해 피드백을 받을 수 있는 소중한 자료로 활용할 수도 있다. 이렇게 독서를 통해 얻은 통찰이 글로 정리되면, 그것은 곧 나만의 '컨텐츠'로 거듭난다.

글쓰기를 어렵다고 생각하는 사람이 많다. 처음부터 완벽한 글을 쓰려고 하면 오히려 시작하기 어렵다. 간단한 메모나 SNS 포스팅부터 시작해 보는 것도 좋다. 예를 들어, 하루를 돌아보며 3줄 일기 쓰기, 독서 후 인상 깊었던 문장에 내 생각을 덧붙여 쓰기 등 가벼운 방식으로 매일 또는 일주일에 몇 번으로 정해서 꾸준히 글을 남기는 습관을 들이면 된다.

글쓰기는 생각을 정리하는 데 큰 도움이 된다. 막연했던 생각이 단어와 문장으로 구체화되면서, 자신의 사고 체계를 돌아보고 정리할 수 있게 된다. 글쓰기는 메시지를 체계적으로 전달하는 힘이기 때문에, 프레젠테이션, 회의, 보고서 작성 등 다양한 상황에서 강력한 무기가 된다.

꾸준히 쓴 글이 쌓이면 책, 블로그, 뉴스레터 등 더 큰 플랫폼으로 확장될 수 있다. 이는 개인의 강점을 세상에 알릴 수 있는 좋은 기회가 된다. 더 나아가, 글쓰기는 개인 브랜딩의 강력한 도구가 될 수 있다.

나 역시 글쓰기를 통해 12권의 책을 출판했고, 덕분에 꿈이었던 전국구 강사로 활동할 수 있었다. 글쓰기는 내 콘텐츠 제작에도 든든한 밑거름이 되었다. 조금씩이라도 꾸준히 적고 기록해 나간다면, 글쓰기는 결국 폭발적인 힘을 발휘하게 된다.

4) 영어 습득

영어는 단순히 '하나의 언어'가 아니라, 전 세계와 통하는 '소통의 매개체'다. 정보화 시대에는 영어를 통해 훨씬 더 넓은 범위의 자료와 콘텐츠에 접근할 수 있다. 하루라도 빨리 영어 학습을 시작하거나 익혀두면, 여행은 물론 연구, 취업, 해외 파트너와의 협업 등 다양한 기회를 열 수 있다.

특히 인터넷에서 영어로 검색할 수 있는 능력을 갖추게 되면, 얻을 수 있는 지식과 정보의 폭이 상상 이상으로 넓어진다. 최신 기술 정보부터 특정 분야의 기사와 논문, 해외 전문가들이 직접 제작한 유튜브 영상이나 블로그 글까지 자유롭게 접할 수 있게 된다. 이는 국내에서는 얻기 어려운 인사이트를 누구보다 빠르게 흡수할 수 있는 강력한 경쟁력이 된다.

어학은 하루라도 젊을 때 시작해야 흡수력이 뛰어나다. 젊을수록 학습 능력이 뛰어나고, 시간적 여유와 학업·취업·여행 같은 다양한 동기 부여 요인도 함께 작용하기 때문이다. 처음에는 시행착오도 많고, 원하는 만큼 성과가 나오지 않아 지칠 수 있다. 하지만 언어 능력은 누적될수록 그 효용이 폭발적으로 커진다. 영어는 단순히 이력서에 적어넣는

스펙 한 줄이 아니라, 더 넓은 세상으로 나아가는 열쇠가 되어 준다.

5) 선크림 바르기

20대에는 피부에 탄력 있고 잡티도 적으니, 자외선 차단제(선크림)를 바르는 것을 소홀히 하기 쉽다. 그러나 자외선(UV)은 단순히 '햇볕이 따갑다'는 수준을 넘어, 눈에 보이지 않게 피부 깊숙이 침투해 장기적으로 노화와 손상을 유발한다. 기미, 주근깨, 잡티, 주름은 물론, 심할 경우 피부암의 위험까지 높아질 수 있다.

여성들은 비교적 선크림 사용에 익숙한 반면, 남성들은 '귀찮다', '끈적인다', '내가 뭘 바르냐'는 이유로 선크림을 잘 바르지 않는 경우가 많다. 그러나 40~50대에 접어들면 남녀를 불문하고 피부 노화, 잡티, 탄력 저하 같은 문제가 뚜렷하게 나타난다. 선크림을 바르는 습관은 실제로 피부 노화를 늦추고, 장기적으로 더 젊고 건강한 인상을 유지하는 네 큰 도움이 된다.

SPF 30 정도의 데일리 선크림이면 일상적인 자외선을 차단하는 데 충분하다. 다만, 야외 활동이나 강한 햇볕 아래에서 몇 시간씩 노출될 경우, 몇 시간 간격으로 선크림을 덧바르는 것이 중요하다. 얼굴뿐 아니라 목, 손등처럼 자주 노출되는 부위에도 꼼꼼히 발라야 한다. 선케어를 생활화한 사람과 그렇지 않은 사람은, 50대 이후 피부에서 확연한 차이를 보이게 된다.

6) 운동하는 습관

운동은 단순히 근육을 만들거나 살을 빼는 행위가 아니라, 몸과 마음의 균형을 잡아주는 '종합 선물 세트' 같은 활동이다. 유산소 운동을 통해 심폐 능력을 키우고, 근력 운동으로 뼈와 근육을 강화하며, 스트레칭이나 요가로 유연성과 밸런스를 높이는 등 다양한 방식으로 신체를 단련할 수 있다. 운동은 기분 전환, 스트레스 해소, 자신감 상승에도 큰 도움을 준다.

젊을수록 새로운 습관을 들이기 쉬운데, 운동도 마찬가지다. 이 시기에는 몸의 반응이 빠르고 근육량 증가 등 눈에 보이는 성과도 더 잘 나타난다. 이러한 성취감은 꾸준함으로 이어지고, 이후에도 운동을 지속할 수 있는 '기반 체력'을 만드는 데 큰 도움이 된다.

더 나아가, 운동하는 습관은 근력 저하, 비만, 성인병 등을 예방한다. 특히 꾸준한 근력 운동은 골밀도 유지와 근감소증 예방에 매우 중요하다. 50대 이후부터 근감소증이 눈에 띄게 진행되기 때문이다. 운동을 통해 미리 대비하면 60~70대에도 젊을 때와 같은 활동성을 유지할 수 있다.

운동은 단지 '지금 당장 보이는 몸매'를 위한 것이 아니라,

장기적으로 체력과 건강을 지키는 생활 습관의 핵심이다. 직장 생활 중이거나 아이를 키우는 와중에도 꾸준히 운동하는 사람은 스트레스에 대한 내성이 높고, 업무 효율도 확연히 높다. 또한 운동은 집중력 향상과 뇌 건강에도 긍정적인 영향을 미친다. 운동은 평생에 걸쳐 쌓는 신체적·정신적 자산이다.

7) 투자하는 습관

많은 사람들이 금융에 대해 막연한 두려움을 갖고 있거나, '복잡하고 위험하다'는 인식 때문에 투자를 기피한다. 하지만 20대부터 '돈의 흐름'을 이해하고 조금씩 투자하는 습관을 들이기 시작하면, 그 복리 효과는 생각보다 훨씬 크다. 저금이나 적금 같은 전통적인 방식도 여전히 중요하다. 비록 금리는 낮아졌지만, 절약과 저축을 통해 모은 목돈은 훗날 큰 기회를 잡을 수 있는 '시드 머니(seed money)'가 되어 준다.

투자를 처음 시작할 때는 '한 방'을 노리기보다, 장기적으로 분산 투자하는 것이 중요하다. 지수 추종 ETF(Exchange Traded Fund)나 다수의 회사에 분산 투자하는 펀드 등을 활용하면, 개별 주식의 큰 변동성에 휩쓸리지 않고도 안정적인 수익률을 기대할 수 있다. 리스크를 분산하기 위해 채권, 예금 등의 안전자산도 일정 비율로 보유하는 것이 좋다.

부동산도 장기적인 자산 형성을 위한 중요한 수단 중 하나다. 단기간에 차익을 노리는 투기보다는, 실거주 관점에서

입지와 수요를 고려해 투자에 접근하는 것이 좋다. 청약 제도, 전세 및 월세 시장 구조, 지역별 개발 계획 등을 공부하면 리스크를 줄일 수 있다.

기초 금융 지식(금리, 물가, 환율, 기업 재무 구조, 거시경제 지표)을 조금씩 공부해두면 시장 이해도가 높아지고, 위기 상황에서도 신중하게 판단할 수 있다. 큰돈을 한꺼번에 넣기보다는, 소액으로 실전 경험을 쌓고 어느 정도 검증이 되면 투자 규모를 늘려가는 편을 추천한다.

8) 스피치(말하기 능력)

현대 사회에서는 얼마나 효과적으로 메시지를 전달하고 설득할 수 있는지가 곧 경쟁력이 된다. 스피치 능력이 뛰어난 사람은 자연스럽게 대중 앞에서 말할 기회를 더 많이 얻게 된다. 그리고 이런 기회들은 리더십, 영향력, 네트워킹으로 이어지며 더욱 큰 시너지를 만든다.

물론, 스피치 능력은 하루아침에 길러지지 않는다. 어휘력, 발성, 논리력, 현장 대응 능력 등이 모두 어우러져야 한다. 스피치 능력을 키우려면 사람들 앞에서 발표, 토론, 연설을 적극적으로 경험해 보는 것이 중요하다. 스피치를 잘하게 되면 SNS, 유튜브, TV 방송 출연 등 더 폭넓은 무대가 열리게 된다.

나 역시 처음에는 몇 마디 말하는 것조차 떨렸다. 그러나 경험이 쌓이면서 자신감이 붙었고, 스피치 기회도 자연스럽게 늘어났다. 덕분에 내 의견을 효과적으로 전달해 타인을 설득할 수 있게 되었고, 유튜브 구독자 10만 명도 달성할 수 있었다. 결국 스피치는 내가 가진 지식과 열정을 세상에 알리는 가장 강력한 수단이 되었다.

번아웃을 극복하는 10가지 방법

목표를 향해 나아가다 보면 가끔은 그만두고 싶거나 무기력해지는 순간을 마주하게 된다. 마치 연료가 바닥난 자동차처럼 멈춰 서버린 듯한 느낌이다. 때로는 스트레스로 인해 우울감이 찾아오거나, 몸이 아프기도 한다. 이것이 바로 '번아웃'이다. 번아웃은 단순한 피로를 넘어, 극심한 피로감과 무기력감, 냉소적인 태도가 동시에 나타나는 깊은 심리적·신체적 소진 상태다.

1) 휴식과 수면하기

번아웃은 몸과 마음이 극도의 피로에 이른 상태다. 이를 극복하기 위해 가장 먼저 필요한 것은 충분한 휴식과 수면이다. 많은 사람들이 휴식을 게으름이나 시간 낭비로 오해하지만, 제대로 된 휴식은 오히려 생산성을 높여준다. 뇌와 몸이 회복되어야 다시 최상의 컨디션으로 일할 수 있기 때문이다.

잠이 부족하면 감정 조절이 어려워지고, 집중력과 창의성도 떨어진다. 이를 개선하려면 좋은 수면 습관을 기르는 것부터 시작해야 한다. 매일 같은 시간에 자고 일어나는 규칙적인 수면 패턴을 만들고, 하루 7~8시간의 충분한 수면 시간을 확보해야 한다. 그러기 위해서는 잠들기 전 1~2시간은 스마트폰이나 컴퓨터 사용을 자제하고, 독서나 명상처럼 편안한 활동을 하는 것이 좋다. 숙면하려면 침실 환경도 중요하다. 어둡고 조용하며, 적당히 시원한 공간을 만들어 주는 것이 도움이 된다. 질 좋은 수면은 스트레스를 줄이고, 뇌 기능을 회복시키며, 면역력을 높여준다.

낮에 짬짬이 쉬는 것도 중요하다. 일하는 중간중간 5~10분씩 짧은 휴식을 취하고, 자리에서 일어나 스트레칭을 하거나 잠시 장소를 바꿔보는 것도 효과적이다. 이러한 작은 휴식들이 모이면, 피로를 줄이고 집중력을 높이는 데 큰 도움이 된다.

2) 운동 습관 들이기

몸을 움직이는 것은 번아웃 상태에서 빠르게 회복할 수

있는 가장 효과적인 방법 중 하나다. 운동을 하면 엔도르핀이라는 '행복 호르몬'이 분비되어 스트레스와 우울감이 완화된다. 처음부터 강도 높은 운동을 목표로 하기보다는, 가벼운 산책이나 스트레칭부터 시작해 점차 운동량을 늘려가는 것이 중요하다.

매일 일정한 시간에 10~20분이라도 몸을 움직이는 습관을 들이면, 신체는 물론 정신적인 활력도 얻을 수 있다. 자연 속에서 걷거나 가벼운 등산을 하는 것은 더욱 효과적이다. 요가, 필라테스, 걷기, 수영 등 자신에게 맞는 운동을 선택해 꾸준히 실천해 보자. 몸이 가벼워지고 활력이 차오르면, 번아웃을 극복하는 데 큰 힘이 된다.

3) 완벽주의 내려놓기

번아웃을 부르는 가장 큰 원인 중 하나는 완벽주의다. 완벽주의는 목표 달성을 위한 동력이 될 수 있지만, 과도해지면 스스로를 극도로 압박하게 만든다. 항상 최고로 잘해야 하고, 어떤 실수나 부족함도 용납하지 않는 태도는 결국 스트레스를 키우고 정신적 피로를 누적시킨다. 현실에서는 모든 것이 완벽할 수 없다. 지속적으로 완벽함을 추구하다 보면 작은 성취조차 즐기지 못하고, 오히려 자신을 과도하게 비판하게 된다.

완벽주의를 내려놓으려면, 모든 일을 완벽하게 할 수 없다는 것을 인정하고 적당함을 받아들이는 연습이 필요하다. '완벽'이 아니라 '완성'을 목표로 삼자. 70~80%의 성과에도 스스로를 칭찬하고 격려하는 습관을 들이는 것이 중요하다. 자신에게 관대해질수록 번아웃으로부터 멀어질 수 있다.

4) 해야 할 일 줄이기

과도한 업무량은 번아웃의 주요 원인 중 하나다. 모든 일을 다 하려고 하면 결국 아무것도 제대로 해내지 못하게 된다. 해야 할 일을 줄이고, 정말 중요한 것에 집중하는 '선택과 집중'이 필요하다.

일을 줄이기 위해 가장 먼저 해야 할 일은 우선순위를 정하는 것이다. 모든 일이 똑같이 중요한 것은 아니기 때문에, 중요도와 긴급성을 기준으로 우선순위를 매긴다. 가장 중요하고 시급한 일부터 처리하고, 덜 중요한 일은 위임하거나 우선순위를 뒤로 미루면 된다.

또한 불필요한 회의나 단순한 업무를 줄이는 것도 중요하다. 회의가 정말 필요한지, 자신이 반드시 참석해야 하는지를 판단하고, 불필요한 회의는 과감히 거절하거나 이메일로 대체한다. 반복적이고 단순한 업무는 자동화하거나 간소화할 수 있는 방법을 찾아야 한다.

5) NO라고 말하기

다른 사람의 부탁을 거절하는 일은 쉽지 않다. 하지만 매번 타인의 요청을 받아들이기만 하면 자신의 시간과 에너지가 소모되어 결국 번아웃에 이를 수 있다. 번아웃이 찾아왔을 때는 무엇보다 스트레스 상황에서 벗어나는 것이 우선이다. 감당할 수 없는 일이라면 과감히 NO라고 말하는 연습이 필요하다. 무리한 부탁을 거절할 줄 아는 것은 자기 보호의 핵심이며, 결코 나쁜 일이 아니다. 오히려 자신의 한계를 인정하고 존중하는 건강한 태도다. 예의를 갖추면서도 명확하고 단호하게 거절할 수 있어야 한다.

6) 마음 나누기

번아웃을 혼자만의 문제로 여기기 쉽다. 하지만 모든 것을 스스로 해결하려 하면 부담은 오히려 커지고, 문제는 쉽게 풀리지 않는다. 믿을 수 있는 사람에게 솔직하게 감정을 털어놓고 대화하면, 마음의 짐을 한결 덜 수 있다. 불안, 두려움, 분노 같은 감정을 숨기거나 억누르지 않고 있는 그대로 표현하는 것만으로도 큰 해소감을 얻을 수 있다. 감정은 나눌수록 가벼워진다. 마음을 터놓을 수 있는 가까운 친구나 가족, 동료와 이야기하거나, 도움을 받는 것도 좋은 방법이다.

7) 목표를 유연하게 조정하기

목표는 삶의 방향을 잡아주는 중요한 요소다. 그러나 예상치 못한 어려움이나 상황 변화는 언제든 발생할 수 있다. 이런 상황에서 융통성 없이 기존 목표만을 고집하면, 오히려 좌절감과 스트레스를 키워 번아웃으로 이어질 수 있다. 스스로 무리하고 있다고 느끼거나 번아웃이 찾아온다면, 목표를 유연하게 조정할 줄 알아야 한다. 상황에 맞게 목표를 작은 단위로 나누고, 지속하는 것이 중요하다. 예를 들어, 매일 숏폼 영상을 업로드하기로 한 목표를 일주일에 2개로 하향 조정하는 식이다. 이렇게 하면 무리 없이 지속 가능한 발전을 이어갈 수 있다. 번아웃에서 회복한 뒤에는 목표를 다시 원래대로 조정하면 된다.

8) 기록하고 정리하는 습관

　머릿속이 복잡하고 혼란스러우면 스트레스를 느끼게 되고, 번아웃이 찾아오기 쉽다. 정리되지 않은 방처럼 생각들이 뒤엉켜 있으면, 무엇부터 시작해야 할지 갈피를 잡지 못하고 불안, 우울, 무기력을 느끼게 된다. 이럴 때는 기록하고 정리하는 습관이 번아웃 극복에 큰 도움이 된다. 일기 쓰기, 마인드맵, 메모 등을 통해 복잡한 생각을 기록하고 정리해 보자. 머릿속에 얽혀 있던 생각과 감정을 글로 옮기면, 그 내용이 시각화되어 문제를 파악하고 해결책을 찾기 쉬워진다. 매일 짧게라도 기록하는 습관을 들이면 번아웃을 예방하는 데 효과적이다.

9) 잠시 일상에서 떠나기

매일 반복되는 일상은 때로 지치게 하고 무기력함을 불러올 수 있다. 이럴 때는 잠시 일상에서 벗어나 새로운 환경과 경험을 통해 신선한 자극을 얻는 것이 좋다.

여행은 일상에서 벗어나 새로운 에너지를 얻을 수 있는 가장 좋은 방법 중 하나다. 낯선 곳을 탐험하고 새로운 문화를 경험하는 것은 시야를 넓혀주고, 잊고 있던 설렘과 즐거움을 되찾게 해준다. 멀리 떠나는 것이 어렵다면 가까운 곳으로도 충분하다. 평소 가보지 않았던 카페를 방문하거나 자연 속에서 시간을 보내는 것만으로도 기분 전환이 가능하다.

잠시 일상에서 벗어난 휴식과 충전은 새로운 활력을 불어넣어 주며, 다시 일상으로 돌아와 긍정적인 마음으로 삶을 살아갈 수 있는 힘이 된다.

10) 전문가의 도움 받기

마지막으로, 번아웃이 심각해졌을 때는 전문가의 도움을 받는 것을 망설이지 말아야 한다. 몸과 마음이 지칠 대로 지쳐 우울 증상이나 불안 장애, 혹은 신체적 질병으로까지 이어진 경우, 개인의 노력만으로는 회복이 쉽지 않다. 이럴 때는 심리 상담사나 정신건강의학과 전문의와 함께 문제를 진단하고, 적절한 치료나 상담 프로그램을 진행하는 것이 필요하다.

전문가들은 번아웃을 단순한 '의지 부족'이 아니라, 다양한 스트레스 요인과 심리·신체적 상태가 복합적으로 작용한 결과로 본다. 필요에 따라 약물 치료를 병행할 수도 있는데, 약물 복용에 대한 두려움이 있을 수 있지만, 전문의와 충분히 상의해 안전하게 도움을 받을 수 있다.

전문가의 도움을 받는 것은 약함이 아니라, 자신을 지키는 현명한 선택이다. 누구도 모든 문제를 혼자 해결할 수는 없다. 특히 감정이 고갈되고 몸마저 지친 상태라면, 더욱더 전문가의 도움이 필요하다.

지금까지 번아웃을 극복하는 10가지 방법을 살펴봤다. 물론 이 모든 방법이 누구에게나 동일하게 적용되는 것은 아니다. 번아웃의 원인과 정도는 사람마다 다르기 때문이다. 하지만 핵심은 '나 자신을 돌보고 회복시키기 위한 구체적이고 지속적인 노력'을 멈추지 않는 데 있다.

10년 넘게 자기관리 철저한 사람들 9가지 특징

1. 지속해서 배운다.

  10년 넘게 자기관리를 꾸준히 해온 사람들은 호기심이 넘치고, 끊임없이 배우려는 마인드를 지니고 있다. 새로운 지식과 기술을 습득하는 과정을 즐기며, 배움에서 즐거움을 느낀다. 어떤 분야든 새로운 정보를 접하면 자연스럽게 호기심을 갖고 깊이 파고들며, 작은 호기심조차 소홀히 여기지 않는다.

  이들은 독서, 강의, 세미나 등 다양한 학습 매체를 적극적으로 활용하고, 배운 내용을 실제 생활이나 업무에 적용하는 실천력도 뛰어나다. 학습과 실천이 반복되면서 내면에는 점점 더 견고한 지적 기반이 쌓여 간다. 그리고 배움이 자신을 한 단계 더 높은 수준으로 이끌어준다는 믿음을 굳게 갖고 있다.

2. 식단 관리를 철저히 한다.

자기관리에 성공한 사람들은 무엇보다 식단 관리에 철저하다. 설탕, 밀가루, 나트륨, 튀김, 술, 담배, 탄산음료 등 건강에 해로운 음식을 최대한 피한다. 음식이 곧 자신의 몸과 에너지를 형성한다는 사실을 분명히 알고 있기 때문이다. 그래서 음식을 선택할 때 항상 건강과 영양 균형을 최우선으로 고려한다.

또한 주기적으로 식단을 계획하고 관리하며, 식사 때마다 자신이 먹는 음식이 몸에 미치는 영향을 꼼꼼히 점검한다. 그들의 식사는 늘 규칙적이고 균형 잡혀 있어, 음식으로 인한 피로감이나 건강 악화를 미리 예방할 수 있다. 이러한 철저한 식단 관리는 활력을 유지하고, 장기적으로 체력과 건강한 삶을 이어가는 데 든든한 기반이 된다.

3. 꾸준히 운동한다.

철저한 자기관리자들은 꾸준한 운동을 삶의 필수 요소로 여긴다. 일주일에 최소 3회 이상 운동하는 습관을 꾸준히 유지하며, 운동이 주는 육체적·정신적 이점을 잘 이해하고 있다. 운동을 통해 체력을 유지하는 것은 물론, 스트레스를 해소하고 정신을 맑게 다듬는다. 여행이나 출장 등으로 환경이 여의치 않을 때도 자신만의 방법을 찾아 운동을 거르지 않는다.

이들에게 운동은 선택이 아니라 필수이며, 하루 루틴에서 빠질 수 없는 핵심 요소로 자리 잡고 있다. 이런 꾸준함 덕분에 신체적 건강은 물론 정신적 건강까지 함께 지킬 수 있으며, 삶 전반에 걸쳐 높은 집중력과 긍정적인 에너지를 유지할 수 있다.

4. 몸무게가 일정하다.

오랜 기간 자기관리를 꾸준히 실천해온 사람들은 몸무게를 큰 변동 없이 일정하게 유지하는 특징이 있다. 이들은 정기적으로 몸무게를 측정하고 기록하며, 자신을 끊임없이 점검한다. 이러한 자기 감찰 습관 덕분에 과식이나 운동 부족 같은 작은 변화도 빠르게 감지하고 즉시 대응할 수 있다. 몸 상태를 세밀하게 파악하고 변화를 미리 방지하는 습관이 이미 무의식적으로 자리 잡은 것이다. 덕분에 이들은 일관된 체중 유지를 통해 건강은 물론, 생활 전반에 걸쳐 높은 자신감을 유지한다.

5. 늘 목표가 있다.

자기관리 능력이 뛰어난 사람들은 항상 명확한 목표를 세우며 살아간다. 그들은 현상 유지에 머무르지 않고, 작은 목표라도 끊임없이 설정하고 달성해 나간다. 목표는 삶에 방향과 동기를 부여하고, 지속적으로 성취감을 느끼게 한다. 작은 목표를 이룰 때마다 자존감과 자신감이 높아지고, 이는 더 큰 목표를 세우는 원동력이 된다.

이처럼 목표를 끊임없이 갱신해 나가면서 삶은 정체되지 않고, 지속적으로 발전하고 성장할 수 있다. 명확한 목표는 자기관리를 더욱 효과적으로 만들며, 삶을 보다 의미 있고 역동적으로 살아가게 하는 힘이 된다.

6. 늘 독서한다.

철저히 자기관리를 해온 사람들은 독서 습관이 뛰어나다. 그들에게 독서는 지식과 지혜를 얻는 가장 효율적이면서도 중요한 수단이다. "리더(Leader)는 리더(Reader)다"라는 말처럼, 이들은 독서를 통해 세계관을 넓히고 사고의 깊이를 더한다. 어디서든 책을 손에서 놓지 않는 수불석권(手不釋卷)의 정신을 몸소 실천한다.

이들은 독서를 통해 지속적으로 성장하며, 다양한 분야의 책을 읽으며 통찰력을 얻고 사고의 폭을 확장한다. 이를 통해 창의력과 문제 해결 능력도 키워 나간다. 독서는 그들에게 지적 만족감을 주는 동시에, 자기 계발의 필수 요소로 자리 잡고 있다.

7. 자신만의 루틴이 있다.

철저한 자기관리자들은 자신만의 확고한 루틴을 가지고 있다. 하루의 시작과 끝을 자신만의 규칙으로 구성하고, 이를 무의식적으로 반복한다. 확고한 루틴은 불필요한 고민과 선택을 줄여주어 시간과 에너지를 효율적으로 관리할 수 있도록 돕는다.

이들은 아침 루틴으로 하루를 상쾌하게 시작하고, 저녁 루틴으로 하루의 피로를 해소하며 내일을 준비한다. 이러한 루틴은 삶의 질을 높이고 꾸준한 성과를 유지하는 원동력이 된다. 루틴의 힘으로 지속 가능한 삶의 리듬이 만들어지며, 자기관리 능력도 자연스럽게 유지된다.

8. 늘 자신을 피드백한다.

장기적으로 자기관리를 철저히 해온 사람들은 자신을 꾸준히 피드백한다. 반성적 사고를 통해 실수를 성장의 과정으로 받아들이며, 자신을 객관적으로 돌아보고 더 나은 방향을 모색한다. 자기 피드백은 놓친 부분이나 부족한 점을 빠르게 발견하고, 이를 개선하기 위한 행동을 즉각 실천하는 데 큰 도움이 된다.

이러한 피드백 과정이 습관화되면 같은 실수를 반복하지 않게 되고, 꾸준히 성장하고 발전할 수 있다. 자기 피드백은 자신을 더욱 효과적으로 관리하고, 지속적으로 높은 성과를 유지할 수 있게 해준다.

9. 감정 조절을 잘한다.

자기관리가 뛰어난 사람들은 탁월한 감정 조절 능력을 갖추고 있다. 어려운 상황이나 위기에서도 침착하게 대처하며, 나쁜 감정에 휘둘리지 않고 상황을 명확히 파악한다. 감정 조절을 통해 인간관계에서도 긍정적이고 원만한 소통을 유지하고, 스트레스 역시 효과적으로 관리한다.

감정적 안정감은 일상은 물론, 커리어와 개인의 행복에도 긍정적인 영향을 미친다. 이들은 꾸준한 감정 조절 훈련을 통해 삶의 균형을 유지하며, 더 건강하고 만족스러운 삶을 살아간다.

왜 항상
아가리로만
할까?

초판 1쇄 인쇄 | 2025년 5월 20일

지은이　이창현
디자인　한수민
마케팅　정호윤, 김민지, 송유경
펴낸곳　모티브
ISBN　979-11-94600-22-0(03190)
이메일　motive@billionairecorp.com

• 파본은 구입하신 서점에서 교환해 드립니다.
• 이 책은 저작권법에 의해 보호를 받는 저작물이기에 무단 전재와 복제를 금합니다.